出雲神話から
石見の巨石信仰へ

続 石神さんを訪ねて

須田郡司
大野志津香　著

はじめに

2014年～15年にかけて、山陰中央新報に連載された「石神さんを訪ねて～出雲の巨石信仰」は、連載当時から「新聞の切り抜きを持った人が訪ねに来るようになった」と話題になるなど、大きな反響がありました。地元や一部のマニアのものだと思われた巨石信仰が、実は広く人々の心に響いていることに驚かされました。今回、5年ぶりに続編として2019年4月～11月まで33回にわたって連載した「石見の巨石信仰」に、連載では紹介できなかった18カ所を加えて発刊することになりました。文字通り「石を見る」と書く、石見地方にも同様の信仰が広く分布していることがあらためて分かりました。

なぜ、いま、巨石信仰が注目されるのでしょうか。人々が地球上のすべての地域に到達して、世界から「未知なる地」が消え、近代合理主義が極限まで達した現代に、もはや「不思議なもの」はなくなりつつあります。一方で、最近の若い世代や女性には「スピリチュアル（霊的な）」という言葉が広く受け入れられ、現代においてむしろ巨石への関心が高まっていることを実感します。合理だけでは説明できない世界を、多くの人が垣間見ているようにも思います。

実際に巨石の前に立つと、その大きさ故の圧倒的な存在感、自分の一生より遥かに長い時間も変わらぬ姿を保つ永遠性に触れ、謙虚で、敬虔《けいけん》な気持ちになり、思わず頭を垂れ、手を合わせたくなります。

も、近くにあった鉱山の工事や行き交う人々の旅の安全を祈る場でもありました。まさに庶民の「こうあってほしい」という願いを長い年月をかけて受け止めてきました。そうやって石にまつわる伝説は、長い間、数え切れない人々が手を合わせて託した願いの重なりにほかなりません。

また、石見地方の巨石には、出雲と同様に出雲神話を伝える例が多いことがあらためて分かります。大田市五十猛町の海岸にある神島は、新羅から帰ってきたスサノオノミコトが、息子のイソタケルノミコトと上陸した地点として知られています。オオナムチノミコトやスクナヒコナノミコトにまつわる似通った伝説が大田市と邑南町にあることも不思議です。太古に自然崇拝の対象だった巨石に、現代に至るまでのさまざまな伝説や神話が加わり、世代を超えて語り継がれていくことによって石は神秘性を増していきます。

石見地方は人口減少が深刻で、既に存在さえも人々の記憶から失われつつある場所もありました。ぜひ、この本を手に一つずつ巨石を訪ねてみてください。先人たちが願いを託した石に、また一つ、新しい思いを重ねていくことで、石の伝説は後世に伝わっていきます。そして、巨石は微動だにせず、皆さんの願いをしっかりと受け止めてくれることでしょう。

なお、本文末尾のカッコ内の日付は新聞掲載日を示し、文中に登場する団体名や人物の肩書き、年齢は新聞掲載のままとしました。本文とアクセスの一部は修正・加筆しました。

山陰中央新報社

目次

◆通し番号の白色は新聞連載の32カ所、薄いグレーは書き下ろした18カ所です。

美郷町

川本町

邑南町

江津市

浜田市

益田市

津和野町

吉賀町

石神さん位置図

大田市

龍巌神社 ②
古龍神社 ⑨
忠左衛門 ⑮
龍御前神社 ⑥
日本海
江の川
JR山陰線
かくれ岩 ㉘
㉛ 山辺神社
江津市
261
㉙
妙見神社
弁天島 ㉟
岩屋神社 ㉚
天豊足柄姫命神社 ㉜
㊱
大祭天石門彦神社
9
浜田自動車道
186
浜田市
㉝ 三角神社
八幡岩遺跡 ㉞
㊺ 衣毘須神社
高津川
益田市
㊳ 熊野権現神社
㊶ 三日月岩
㊲
注連岩
阿那観音 ㊸
191
㊴ 衣毘寿神社
488
匹見川
広島県
山口県
虚空蔵 ㊹
大神ヶ岳
㊵ 三坂大明神
津和野町
9
JR山口線
㊼ 千倉大権現
㊷ 山葵天狗社
㊻
愛宕神社
青野山
吉賀町
こぶ岩
㊾
㊿ 夜泣き石
石神様 ㊽
新聞連載（32ヵ所）
追加（書き下ろし18ヵ所）

石神さんを訪ねるにあたって

◆掲載した石神さんは参道が十分に整備されている場所ばかりではありません。急勾配な参道や石段があることもあります。訪ねる際には、動きやすい服装、歩きやすい靴の着用をおすすめします。

◆大雨や積雪、強風など気象条件によっては、石神さんにたどり着くのが困難な場合もあります。事前に現地の情報を十分に収集してから訪ねましょう。

◆一部の石神さんは民家や私有地の一角にあります。無断立ち入りや違法駐車、騒音、ゴミの投げ捨てなど、住民に迷惑をかける行為は絶対に行わないでください。マナーを守って石神さんを訪ねましょう。

◆取材のために特別に立ち入らせてもらった石神さんがあります。許可なく無断で立ち入らないようにしてください。

◆山の中にはマムシがいます。うっかり踏みつけたり、手を出したりしないように注意しましょう。山中に入る際は長靴をおすすめします。

◆夏から秋の山の中にはスズメバチがいます。ハチを見つけたら静かにその場を立ち去りましょう。

◆マダニにも注意が必要です。不用意に地面に座ったり、ヤブの中に入ったりすることはできるだけ避けましょう。長袖や長ズボンなど肌の露出が少ない服装を心がけ、もしダニが体に食いついているのを見つけたら、自分で取らずに医療機関で処置を受けましょう。

地図凡例

▲	山頂·三角点
	自動車専用道路·有料道路
9	国道
48	県道
	トンネル
	鉄道
	河川·湖沼·海など
●	目標物、施設など
卍	寺院
⛩	神社
◎	市役所　○町役場など
〒	郵便局
文	学校
P	駐車場
∴	史跡、名勝、天然記念物など
♨	温泉

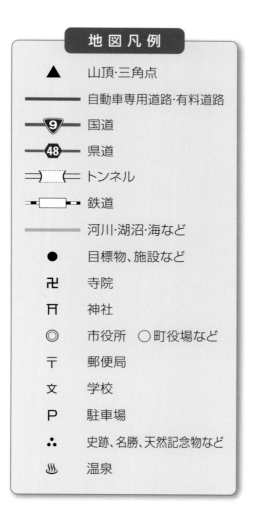

① 鬼《おに》岩《いわ》（大田市）

築城試みた鬼の爪痕残る

大田市大屋町の鬼村地区を訪ねると、集落の北の外れにある山の斜面に、こつぜんと高さ約20メートルの「鬼《おに》岩《いわ》」が現れた。火砕岩の一種の凝灰岩の巨岩だ。表面には、数センチから1メートル弱の楕《だ》円《えん》形の穴がいくつもある。長い時間をかけ、岩の成分が溶け出したとみられる。

集落に伝わる「鬼の一夜城」の伝説によると、この近くに住んでいた鬼が山奥から大きな石を運び出し、一夜にして城を造ろうと試みた。築城は失敗に終わるが、この伝説にちなんで村の名前も「鬼村」となった。岩の中央部に並ぶ五つの穴は、鬼がつかんだ指の跡と伝えられ、今も地蔵尊が祭られている。

五つの穴の上には、さらに直径2メートル、奥行3メートルの穴

鬼岩を見上げる安藤彰浩会長（右）

があり、仏様が安置される。近くの鉱山で働いた人たちが旅の安全を祈願するなど、鬼岩は庶民のさまざまな祈りの場となった。今も毎年8月には、住民が当番制で供養している。

鬼岩が鎮座する山の麓には住民が造った公園があり、地面に埋め込んだ石で「一心」と描いた。鬼村下自治会の安藤彰浩会長（71）は「鬼岩は地域の宝。住民が心を一つにして、大切にしていきたい」と話した。

（2019年4月13日付）

大きな穴に祭られた地蔵尊

アクセス

大田市役所から西南西の方角に4.2キロ。延屋農道沿いの左に鬼岩の案内板が立つ。笹川を右に見て静間駅方面に1.3キロ進むと、麓の公園と鬼岩がある。

② 龍《りゅう》巌《がん》山《ざん》の龍《りゅう》巌《がん》神社（大田市）

石見の国号発祥の地

龍巌神社を見上げる中原和子さん（左）

大田市仁摩町大国にある標高153メートルの岩山・龍巌山《りゅうがんざん》は、方向によってきれいな三角形に見える。山の南壁には、樹齢数百年とみられるノウゼンカズラがはう。そのたたずまいの美しさから、「石見」の国号の発祥地と伝わる。

龍巌山の麓にある鳥居をくぐり、階段を10分ほど上ると、高さ5メートルほどの岩のくぼみに龍《りゅう》巌《がん》神社が祭られている。地区の旧家・中原家が守ってきた神社で、主祭神はヤツカミズオミツヌノミコト。神社脇の湧き水は夏でも枯れず、飲むと母乳が出ると信仰を集める。

昔、入海だったこの地にやって来た祭神が、龍巌山の西方300メートルにある巨石・駒繋岩《こまつなぎいわ》に馬をつなぎ、小舟で龍巌山に渡った。すると、この岩山の紅葉したつたかずらが美しかったことから「岩を見る国」と言った、という神話が残る。

明治時代には、中原家と親交のある方々に、駒繋岩を題材に和歌を募るなど、岩山とつたかずらが織りなす風景を人々はめでた。

今も中原家に2人で暮らす祥晴さん(87)と和子さん(84)夫妻が力を合わせ、神社参道や駒繋岩周辺をきれいに保ち、毎年11月24日には祭りも行う。「ご先祖様が代々守ってきたのだから、きちんと守っていきたい」と2人は優しい笑顔を浮かべた。

（2019年6月1日付）

駒繋岩のかけら

アクセス

大田市仁摩支所から南東に約1.5キロ。国道9号から県道31号を石見銀山方面に約1.8キロ。途中、左手に石見八幡宮を見て、約300メートル進むと龍巌山の麓に龍巌神社の鳥居が見え、そこから階段を徒歩10分。

③ 立《たて》石《いし》神社（大田市）

五穀豊穣　酒造の神へ祈る

三角形の御神体の立石さん

石見と出雲の境、大田市三瓶町多根の三瓶山を望む地に鎮座する立石《たていし》神社。その小拝殿の後ろに、高さ1.8メートル、底辺の長さが1.5メートルの三角形のご神体の石がある。地元では「立石《たていし》さん」と呼ばれている。

多根地区の佐比売《さひめ》山神社社伝によると、オオナムチノミコト（オオクニヌシノミコト）とスクナヒコナノミコトたちが来て「稲種をまき、民に鋤鍬《すきくわ》を授け給《たま》う」ことにちなみ、この地を多根と名付けた。

同地区の中津森に神のより代となる「ひもろぎ」を立て、オオナムチノミコトを祭ったのが現在の佐比売山神社。そして、上津森に石を立て、スクナヒコナノミコトを祭った場所が立石神社となった。

立石神社では年1回、五穀豊《ほう》穣《じょう》を願い、祭りが行われる。同祭神は酒造の神でもあり、神様が醸した酒を飲むと、その霊力が身体に入ると言われ、神前に供えたお酒を祭りの後に御神酒として振る舞う。

自治会長の大谷康雄さん(70)は「供えたお酒は不思議と味がまろやかになる。先祖から伝わってきた立石さんをこれからも守っていきたい」と話す。

（2019年6月22日付）

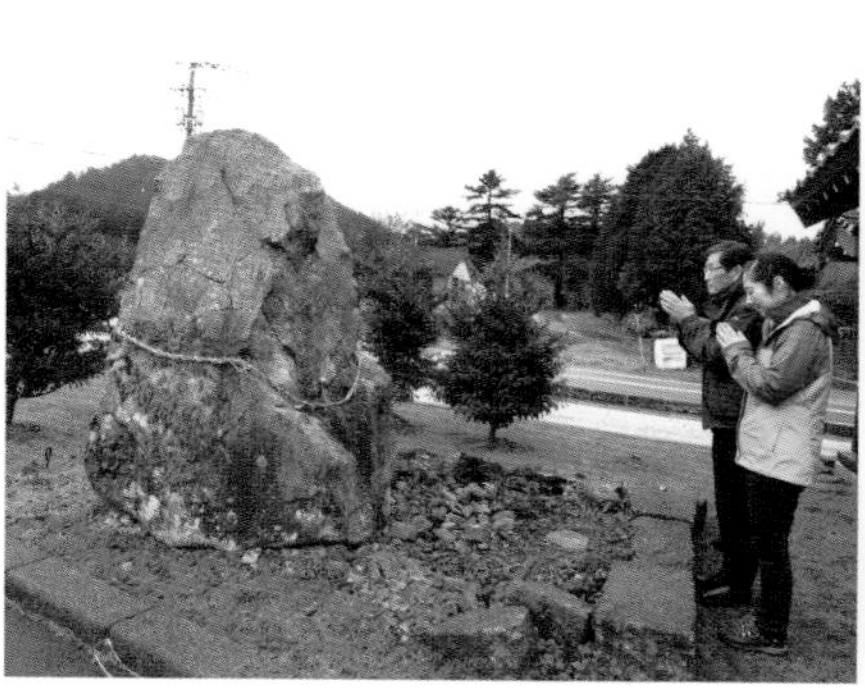

立石神社のご神体に手を合わす大谷康雄さん（奥）

アクセス

大田市内から三瓶ダム沿いの県道56号を佐田方面に進むと、北三瓶小・中学校を過ぎてすぐ三瓶山の青看板がある。看板を右折して三瓶山方面に300メートル進むと、左手に立石神社の小拝殿と立て看板がある。

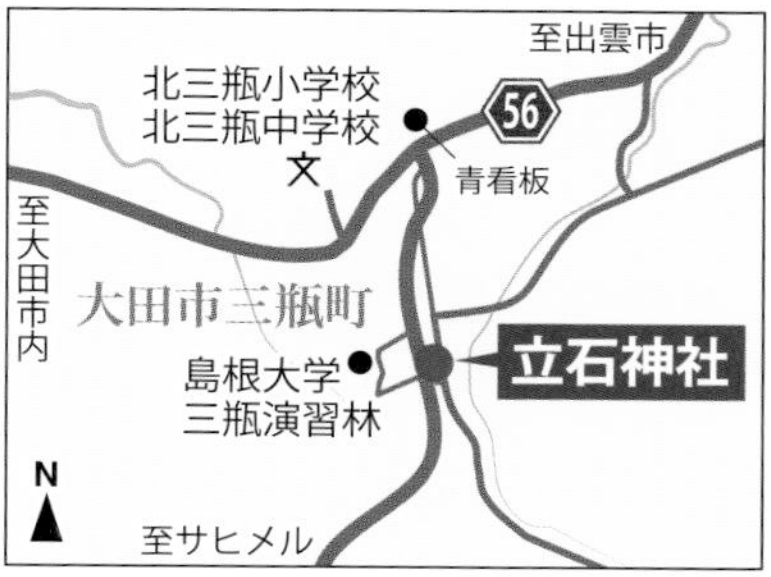

④ 静《しず》之《の》窟《いわや》（大田市）

国造りの仮住まい伝承

日本海を望む大田市静間町の魚津海岸に、ぽっかりと口を開けた洞窟があり、その前には、大きな鳥居が立つ。万葉集にも歌われた場所とも言われる静《しず》之窟《のいわや》だ。入り口は幅30メートル、高さ15メートルあり、奥行きも45メートルほどあるという。

地域では、オオナムチノミコト（オオクニヌシノミコト）とスクナヒコナノミコトの神が国造りの際に、この洞窟内で仮住まいをしていたと伝承されている。万葉集にある生石《おいしの》村主真人《すぐりのまひと》の詠んだ「大汝少彦名のいましけむ　志都《しず》の石室《いわや》は　幾代経ぬらむ」の歌にある「志都の石室」の比定地の一つとされている。洞窟内には、大正時代に建立された高さ3メートルの歌碑がある。

江戸時代に津波の被害に遭うまで、洞窟内には延喜式に記載される由緒ある式内社「静間神社」が鎮座し、この2柱の神を祭っていた。崩落の危険があるとして、現在は立ち入ることはできない。

魚津海岸で藻塩を作っている荊尾衛さん（79）は「オオナムチノミコトがどんな国を造るか相談された場所。地域の子どもには『日本の国の始まりはここなり。誇りを持ちなさい』と伝えています」と誇らしげだ。

（2019年7月20日付）

静之窟について説明する荊尾衛さん（左）

洞窟内から入り口を望む

洞窟内にある万葉集の歌碑

アクセス

静間小学校から西に600メートル。国道9号から県道287号を和江港方面に280メートル進むと、左手に看板がある。看板を左折して魚津海岸まで900メートル。海岸に出ると左手に静之窟はある。海岸付近は道幅も狭く、周辺に駐車場はない。

⑤

神《かみ》島《しま》・小《こ》神《がみ》島《しま》・神《しん》上《じょう》（大田市）

神々が上陸した伝承地

大田市五十猛町の大崎ケ鼻の東200メートルほど沖合にごつごつした岩でできた島が二つ浮かんでいる。周囲200メートルほどの大きい島が神島《かみしま》、手前の一回り小さな島は小神島《こがみしま》。大浦海岸から神島に向かって伸びる岩場は神上《しんじょう》と呼ばれている。

スサノオノミコトが御子神であるイソタケルノミコトらと一緒に高天原から新羅国に天下り、その後、大陸から日本に渡って来た際の、ここは上陸地点とされる。

上陸前に様子をうかがおうと船を泊めた場所が神島で、一行は最終的に、神上から上陸したと伝承されている。

「浜田から日御碕にかけて大崎ケ鼻が一番突出している。三瓶山を目標に日本に向かえば、自然とここに入って来るだろう。波も穏やかで上陸しやすい」と五十猛歴史研究会事務局長の林能伸さん(70)は分析する。

神島の説明をする林能伸さん（右）

「五十猛」の町名もイソタケルノミコトの名からついたと言われ、町内には韓《から》神《かみ》新《しら》羅《ぎ》神《じん》社《じゃ》や五十猛神社など2柱の神を祭る神社や、朝鮮半島との強い結びつきをうかがわせる神々の伝承がくっきりと残る。

林さんは「夏になるとこの辺りの海は本当にきれいな色になる。神々が渡って来た海と伝承地をたくさんの人に見てもらえたらうれしい」と話した。

（2019年8月24日付）

神島（写真奥）、小神島（写真手前）

神上

アクセス

五十猛小学校の西北西約1キロ。同校から国道9号を挟んで斜め向かいにある和田珍味本店の駐車場に案内版があり、神島・小神島・神上が一望できる。

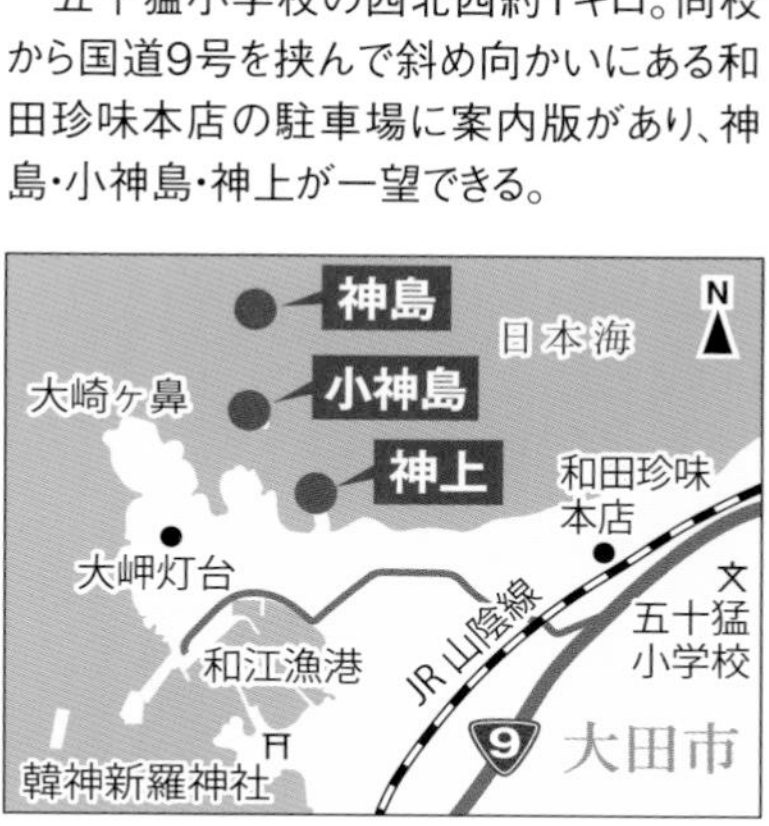

⑥ 龍御前《たつのごぜん》神社の龍岩《たついわ》（大田市）

暮らしと信仰　大切な存在

温泉津《ゆのつ》温泉街にある龍御前《たつのごぜん》神社の本殿の背後に、まるで龍が口を開けたような高さ5メートルほどの巨岩・龍岩《たついわ》がそそり立っている。拝殿右手の石段を上がると龍岩の真下まで行くことができる。

大正時代には龍岩の直下に本殿があったが、1938年に本殿を現在地に移した。大正以前にも神社の場所は何度か変わっているが、江戸時代の火災により古い棟札や資料が失われたため、どういう経緯で龍岩の下に遷座したのか、詳細が分からなくなっている。

ただ、神社の歴史を伝える資料の一つには、龍岩の前に遷座したことから「龍御前神社」とした、との記述もあるといい、岩と神社の信仰に深い関わりがあったことが想像される。

温泉街を見下ろす龍岩は地元住民にとって、今も昔も大切な存在だ。温泉津まちあるき研究会の河原秀之代表(74)は「子どもの頃には、肝試しで岩の上から下をのぞいて見たり、花見と称して岩の上や下で弁当を食べたりもした。ここは地域の人の思い出の場所」と懐かしむ。

神社では毎週土曜日に夜神楽が開かれており、今年は龍岩のライトアップが始まった。神楽の舞と併せて温泉街の夜を幻想的に彩っている。

(2019年9月21日付け)

龍岩を指さす河原秀之さん(右)

アクセス

JR山陰線温泉津駅の北西約600メートル。温泉津港近くにある観光案内所ゆうゆう館から温泉津温泉街に向かって200メートル歩き、左手の龍御前神社の背後にある。

⑦ みこもり穴《あな》（大田市）

オオクニヌシ祈り平定

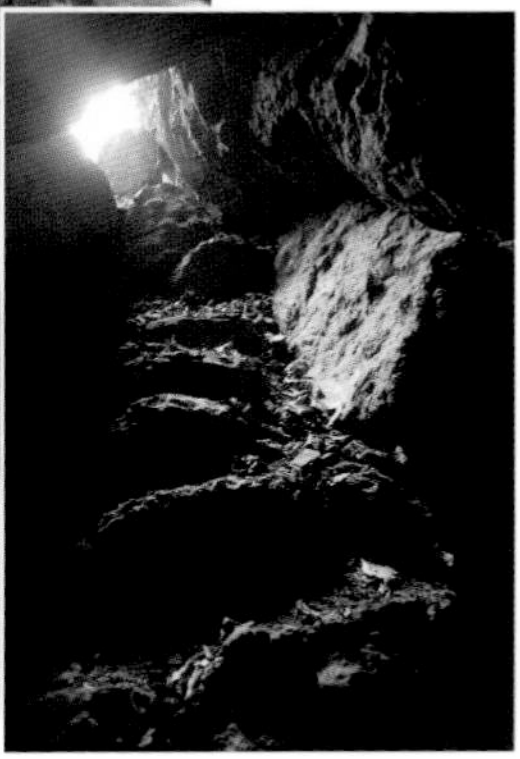

みこもり穴の中に日が射す

巨石が積み重なってできた「みこもり穴」

大田市仁摩町大国に鎮座する八千《やち》矛山《ほこやま》大国主《おおくにぬし》神社。背後にある八千矛山を10分ほど登ると、巨岩が積み重なってできた岩屋「みこもり穴《あな》」がある。入り口は幅約1メートル、石の下り階段が穴の中へと続き、内部は小さな部屋ほどの空間になっている。

神社の祭神はオオクニヌシノミコト。伝承では、高麗からの帰途に仁摩の唐島に着き、この地に来てしばらくとどまり、御子森《みこもり》の窟《いわや》で祈りをささげ、奥地に住む賊を平定した、という。

八千矛山に宮居を定めたことから、この地は「大国」という地名になり、後に社を建てて村の氏神として祭っていた。かつて社殿はみこもり穴の近くにあったが、明治時代に現在地に移された。

神社は今でも周辺の4地区の住民が、高齢化の中で懸命に草刈りを続け、守っている。19年前に拝殿を建て替えた際、解体作業は住民が1年かけて行った。当時総代長を務めた佐藤博さん(77)は「住民が年を取って大変だが、言い伝えが残る場所だから、できるだけ保存して若い人が継いでいってくれたらうれしい」と話している。

（2019年10月12日付）

みこもり穴に向かって手を合わせる佐藤博さん（左）

アクセス

大田市仁摩支所の南東約2.2キロ。国道9号仁万交差点から県道31号を石見銀山方面に約2.9キロ。八千矛山大国主神社の横から山道を徒歩10分ほどでみこもり穴がある。

⑧ 勝《かち》石《いし》（大田市）

勝運求め人々がなでる

勝石に参る中田宏記宮司

大田市川合町の石見国一宮の物部《もののべ》神社を訪ねた。広い境内の奥にある春日造りの本殿は、県内で出雲大社に次ぐ大きさ。拝殿と授与所の間に高さ1.2メートル、幅1.8メートルほどの勝石《かちいし》が鎮座している。

伝説によると、ご祭神であるウマシマジノミコトが、白い鶴に乗って舞い降りた同町の鶴降山《つるぶやま》から見渡した際に、物部神社背後の八百山《やおやま》が故郷の大和国の天の香《あまのか》久山《ぐやま》に似ていることから、八百山の麓に居を構えることになった。鶴降山から八百山に移動する途中、祭神が腰掛けたと言われる岩が「折居田《おりいでん》のお腰掛岩《こしかけいわ》」と呼ばれていた。

1981年の道路拡張工事に伴い、保存のために近くにあった桜の木とともに、物部神社の境内に移された。祭神が各地を平定する戦いを勝ち抜いた「勝運」にあやかろうと、多くの人が岩をなでたことから「勝石」と名付けた。

今では、全ての願いに通じる勝運を授かりたいという参拝者が、全国から訪れ、勝石をなでていく。桜の木も根付き、今でも春には花を咲かせる。

中田宏記宮司(55)は「神様の気力がこもった石。現在、災害などの不運な出来事が起こる中で、参拝された皆さんに力を与えられると思う」と話した。

(2019年11月2日付)

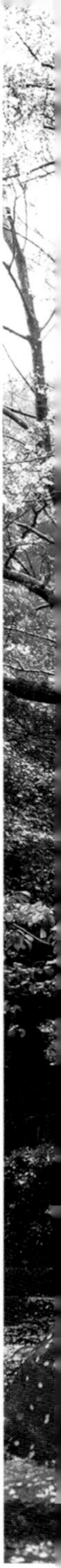

桜の木の前に鎮座する勝石

アクセス

大田市内から国道375号を美郷町方面に進むと左手に川合郵便局があり、その次の信号を左折すると物部神社。拝殿横に勝石が鎮座している。

⑨ 古《こ》龍《りゅう》神社（大田市）

「明神さん」漁業者崇敬

しめ縄が張られたご神体

大田市仁摩町馬路の鞆ケ浦《ともがうら》から遊覧船で約20分、海上から温《ゆ》泉津《のつ》町湯里にある断崖絶壁の海岸を眺めると「艫《とも》の窟《いわや》」と呼ばれている洞窟がぽっかりと口を開けている。船でしか近づけない窟の中の、高さ5メートルほどの丸い岩の上に小さな岩が載っている。ダルマのようにも見えるこの岩が、古龍《こりゅう》神社のご神体だ。

神代の昔、ワダツミノミコトが天下ったという伝承もあり、古くは同神を祭っていたという。邇摩郡案内によると、室町時代は近くにある古龍の港から九州へ石見銀山の鉱石が盛んに積み出されており、その頃に海の神であるタギツヒメ、タゴリヒメ、イチキシマヒメを勧請《かんじょう》して祭った。

地域では「明神さん」と呼ばれ、湯里の湯湊《ゆみなと》集落の氏子が毎年祭りを行っていたという。また、馬路の鞆ケ浦集落の漁業者が崇敬していた。湯里では「たたりがある」と畏《おそ》れられ、馬路では「海難なく豊漁になる」と信じられていたという。

明治初期には400人以上いたと言われる崇敬者は漁業の衰退とともに今ではほとんどいなくなっているという。若い頃は漁をしていた、湯湊集落に住む上田正行さん(90)は「漁業者も減り、信仰を受け継ぐ後継者がいないのが悩みだが、何とか語り継いでいきたい」と話している。

（2019年11月23日付）

遊覧船から見た古龍神社のご神体（明神さん）

アクセス

JR馬路駅から西南西へ約1.8キロの地点にある。JR馬路駅から1.2キロの鞆ケ浦港から遊覧船に乗って古龍神社まで。上陸はできない。遊覧（要予約、冬季運休）の申し込みは鞆ケ浦遊覧・鞆の銀蔵、電話0854(88)3015。

⑩ 三《み》瀧《たき》神社跡（大田市）

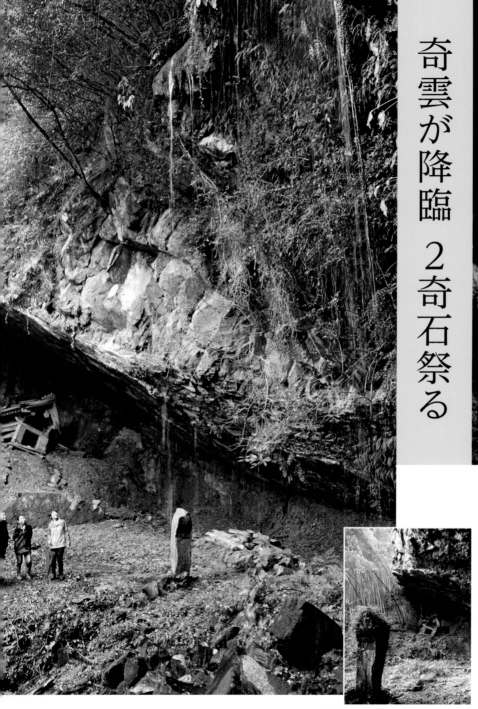

奇雲が降臨 2奇石祭る

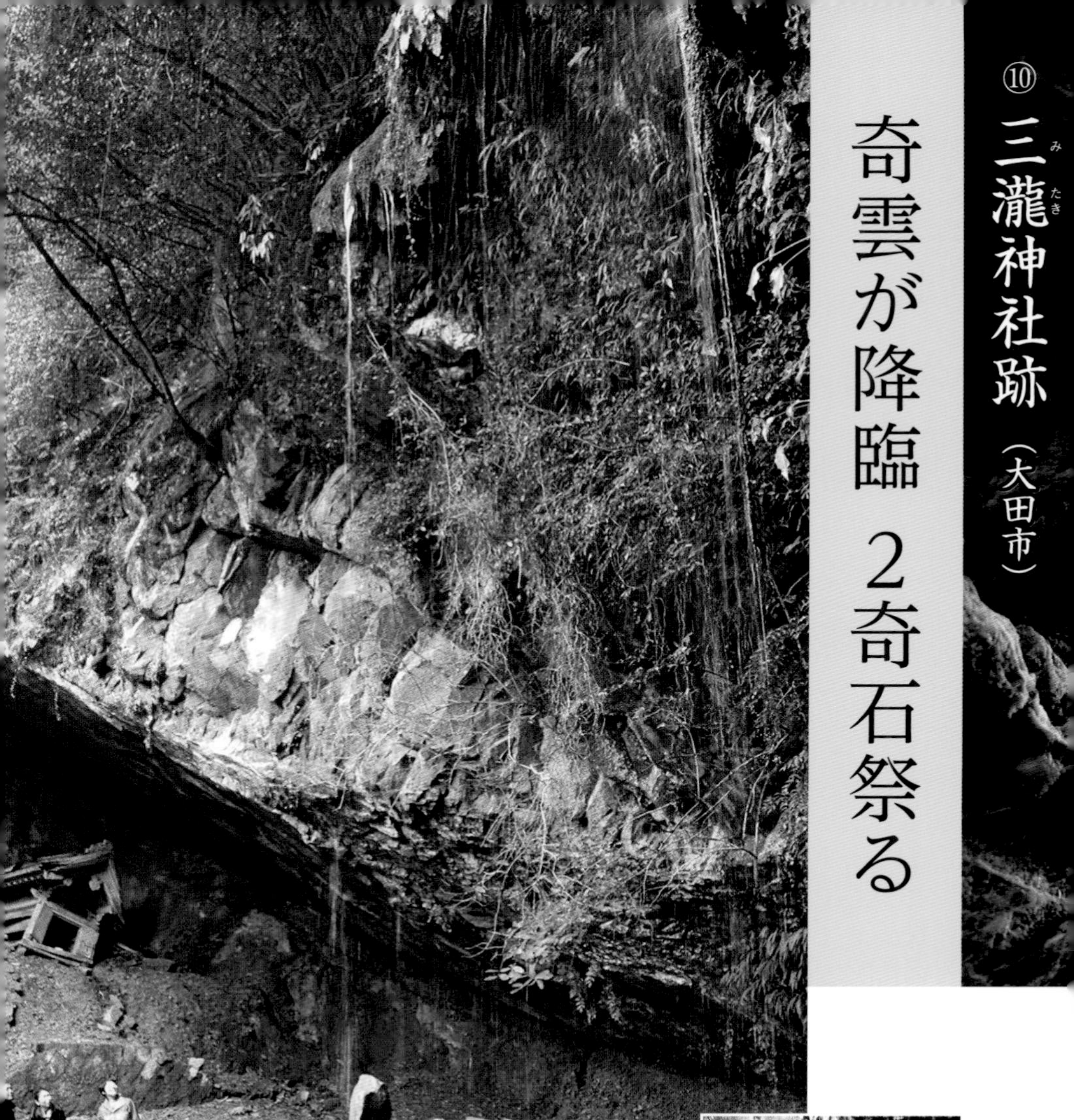

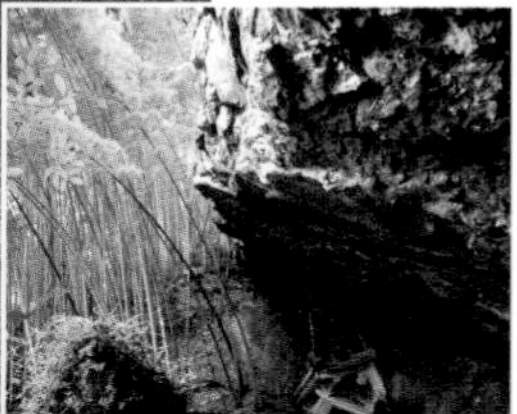

石碑（手前）と朽ちかけた本殿（奥）

大田市水上町白坏《しろつき》の山中にある竹林に囲まれた石段を上ると、正面に見える高さ約15メートルの岩壁からわずかに流れ落ちる小さな滝が見える。滝の左手に、大きくせり出した一枚岩があり、その下に朽ちかけた三瀧《みたき》神社の本殿が残っている。

水上村郷土史によると、877年9月8日の明け方に天地の震動とともに出雲の方から奇雲が降臨し岩窟に入った。人々は驚いて見に行くと、奇石が2個あった。これは神様に違いないと、小さな祠《ほこら》を建て、オオナムチノミコトとスクナヒコナノミコトを祭り、常世《とこよ》國津《くにつ》神社と称した。その後、境内に流れる滝にちなんで御瀧神社に改め、後に三瀧神社となった。

1971年に水上神社（大田市水上町）に合祀《ごうし》されるまで、人々の信仰はあつく、岩窟から湧出する冷水は「お乳がよく出る」「洗うと傷が治る」「飲めば病気が治る」と言い伝えられている。合祀後、参道は荒れ果てていたが、失われかけた地域の宝を守ろうと、昨年から「高山みらいの会」の声掛けで住民有志の清掃活動が始まり、参道は少しずつ昔の面影を取り戻しつつある。

同会の山本竜法さん（43）は「初めて訪れた時は言い表せない感動があった。地域のみんなで清掃を続け、後世に残していきたい」と話している。

（2019年11月30日付）

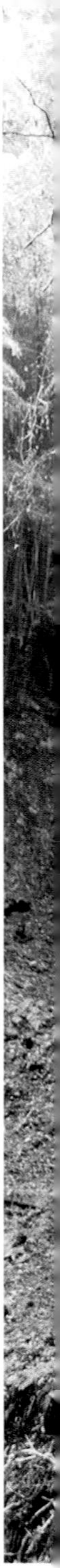

滝を見上げる山本竜法さん（左）、郷原恭子さん（中）と筆者

アクセス

高山小学校から北北西へ約0・9キロ。県道46号を石見銀山方面に140メートル進み、左折する。100メートルほど進み、橋を渡りすぐに右折して450メートル進む。左手に民家があり、その先の市道は車両通行止め。徒歩で200メートル進み、左手の山道を10分ほど歩くと着く。

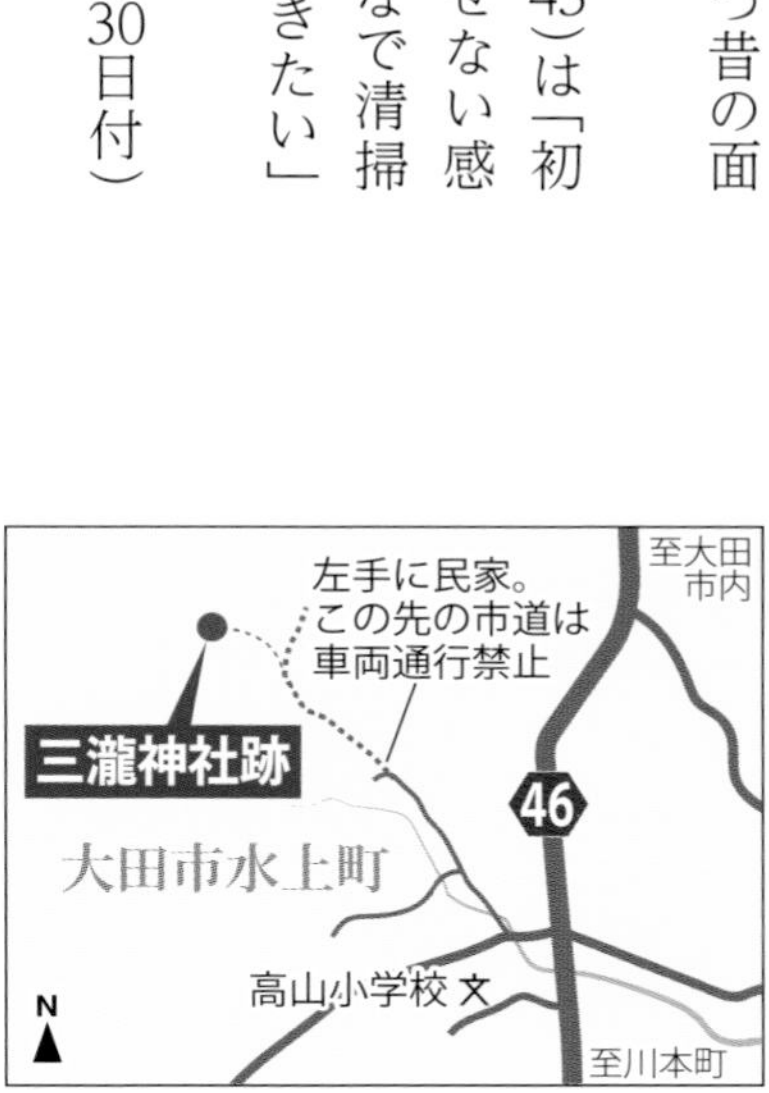

⑪ 立《たて》神《がみ》岩《いわ》（大田市）

馬の立髪に見立てた断崖

立神岩（右）と立神島

波根漁港の北東に、白と茶色の縞模様をした美しい断崖がある。高さ約80メートルの断崖とその上に繁茂する木々を馬の立髪に見立て、立《たて》神《がみ》岩《いわ》と呼ばれた。50メートル沖に高さ47メートルの立神島がある。立神岩の麓には沖合で亡くなった人々の弔いに地蔵尊が祭られている。

アクセス

大田市波根の国道9号から県道285号を1.3キロ進み右に入る。波根漁港駐車場から見える。

石見で希有な龍蛇信仰

乙見神社の巨石

仁摩町馬路の高山の北麓に乙《おと》見《み》神社は鎮座している。本殿左側に大《おお》元《もと》神《かみ》之《の》社《やしろ》の小祠《しょうし》があり、その背後にしめ縄が巻かれた、高さ5メートルの巨岩が鎮座している。岩をなでて帰る人もいたというが、今ではいわれを知る人はいない。石見地方で龍蛇《りゅうじゃ》信仰が残る稀有な神社である。

アクセス

JR馬路駅近くの馬路琴ヶ浜郵便局から南東の山陰線をくぐってすぐ左へ道なりに。小さな小屋がある三叉路を直進し細い道へ入り、道なりに進む。国道9号の下をくぐり100メートル進むと駐車場がある。

⑬ 亀《かめ》石《いし》（大田市）

海の安全守る海亀姿の石

亀石

城上《きがみ》神社の境内に鎮座する。大田市仁摩町の城上山に鎮座していた頃に、崇敬者が海亀の姿をした石を奉納し海の安全を祈ったという。現在地に遷座した際に亀石《かめいし》を運ぶことを忘れたが、大正時代に亀石が敬神家の夢の中に現れ、事の次第を打ち明け、境内に落ち着くことになったと社伝にある。

アクセス

石見銀山世界遺産センターから県道31号を石見銀山トンネルをくぐって北上し、約2.1キロのT字路を左折。大森方面に左折、「石見銀山資料館」の隣に城上神社がある。

塩焚きの励ましに感謝

塩土老翁神

魚津海岸にある塩焚き小屋の後ろに塩土《しおつち》老翁神《おじのかみ》は鎮座している。2018年4月24日に幅60センチほどの岩が落ちていたという。同所で藻塩作りをしている荊尾衛さん(80)が塩を焚《た》いていることの励ましと感じ、年に一度、祭りを執り行っている。「静之窟」(本誌16、17ジペー)のすぐ近く。

アクセス

大田市静間町の西部公民館前の県道287号から魚津海岸に向かって進み、道なりに約1キロ。海岸付近は道が狭く、駐車場はない。

⑮ 梅雨左衛門《つゆざえもん》（忠左衛門《ちゅうざえもん》）（大田市）

蛇を祭り 鶏卵をお供え

▲ ①梅雨左衛門（山口町）

◀ ②梅雨左衛門（水上町）

③忠左衛門（温泉津町）▼

大田市内には山口町と温泉《ゆの》津《つ》町、水上町2か所の計4か所に梅雨左衛門《つゆざえもん》（温泉津町は「梅雨」がなまって「忠左衛門《ちゅうざえもん》」と呼ばれる）があり、ここでは水上町の1ヵ所を除く計3ヵ所を紹介。いずれも蛇を祭って腰から下の病に霊験があるとされ、鶏卵をお供えして祈願する。水上町三久須・同町荻原と山口町の梅雨左衛門はそれぞれ、大蛇の頭と胴と尾の部分を祭っているという伝承も残る。

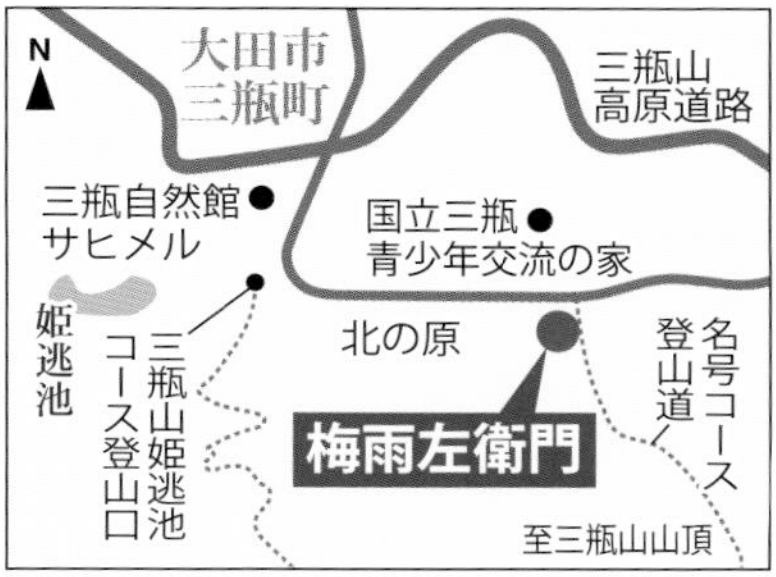

アクセス

①山口町＝三瓶自然館サヒメルから三瓶青少年交流の家に向かって600メートル進む。交流の家前を通り過ぎてすぐ右に「三瓶山登山口」の木柱を右折して直進。森へ続く小道を進むと梅雨左衛門がある。

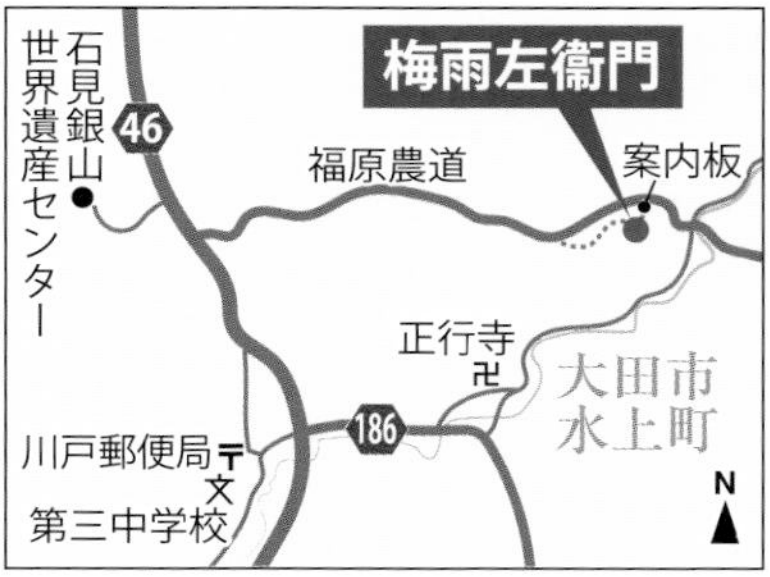

アクセス

②水上町＝石見銀山世界遺産センターの南にある福原農道を東へ約2.4キロに、「梅雨左衛門」の案内板が立ち、その道を入ると梅雨左衛門がある。

アクセス

③温泉津町＝やきもの館に車を停め、西へ下ると右に入る細い道（旧・銀山街道、車は入れない）があり、そこを少し下ると忠左衛門堂がある。

⑯ 鯨《くじら》石《いし》（美郷町）

不気味な言い伝え残る

中国山地随一の大河・江の川の中で最大の難所と言われたのが、美郷町都賀本郷にある「荷越瀬《にこせ》」と呼ばれる瀬だ。荷物を載せた船が転覆しないように、荷物をいったん船から降ろして陸揚げした。この瀬の近くに、長さ9メートル、高さ5メートル、幅5メートルの巨石がごろりと横たわっている。「鯨《くじら》石《いし》」という。確かにクジラの頭のようにも見える。

　合併前の大和《だいわ》村誌によると、この石には霊魂が宿り、年に米一粒ほど移動しているという。石が向かっているのが、荷越瀬の近くにあった深い渕で、そこに鯨石がはい入ると世界が消滅する、と言われている。また、昔、この石を切れば血が出るという伝説を聞いた男が、試しに石を切ったら、生血がほとばしり出た、とも言い伝えられている。

　1972年の水害後、鯨石の周辺は災害や復旧工事で景色も変わったが、鯨石は以前と変わらぬ面影を残している。近くにある道の駅グリーンロード大和の難波秀行駅長(64)は「世代を超えて、地域のみんなの心の中に残していけるといいと思う」と話す。江の川の難所と絡めて語り継がれる恐ろしいエピソードとともに、鯨石はこれからも地域のシンボルであり続ける。

(2019年5月18日付)

江の川の瀬に横たわる巨石の鯨石

鯨石の説明をする難波秀行さん(左)

アクセス

　国道375号沿いにある大和駐在所に近い江の川の中に横たわっており、国道沿いには説明板もある。説明板から100メートル上流に、堤防から高水敷に下りる階段がある。

⑰ 明《みょう》神《じん》岩《いわ》（美郷町）

船安全願い厳島神社分祀

江の川流域で屈指の名勝、明神岩

明神岩の上に祭られる厳島神社

江の川中流域の君谷川が合流する美郷町港地区に、江の川から突き出るように、高さ15メートルの岩がある。流域で屈指の名勝、明《みょう》神《じん》岩《いわ》だ。岩の上に厳島神社が祭られており、朱色の鳥居が岩に生い茂る木々に映え、その姿は名勝と呼ぶにふさわしく美しい。

地区の名は、広い入江に江の川を行き交う船が多くつながれたことが由来。対岸にあった銅ケ丸銅山などの物資の運搬を担った船のほか、沿岸の各家が持つ舟は明神岩の上流側につながれ、子どもたちも舟で魚を釣るなど、常に人々の暮らしとともにあった。

明神岩の上に広島の宮島から厳島神社が分祀《ぶんし》されたのは江戸末期と伝わる。経済と生活を支えた航行の安全は、地域に住むすべての人の願いだった。水害で増水することも多い土地だが、「明神さんのおかげで事故がない」と住民は語り合う。

地域では高齢化が進み、昨年から夏祭りを取りやめ、正月の祭りのみになった。夏祭りでは明神岩の参道に灯籠が並び、とてもきれいだったという。子どもの頃から明神岩に親しんでいる自治会長の屋野忠弘さん（77）は「夏祭りができなくなったことは残念だが、たくさんの人に訪ねてもらえたらうれしい」と話した。

（2019年7月13日付）

明神岩の説明をする屋野忠弘さん（左）

アクセス

吾郷郵便局から県道40号を川本方面に進み、旧JR三江線の竹駅を過ぎ、江の川に架かる「みなと橋」を渡る。橋を渡って右折し、約230メートル進むと、君谷川の対岸から明神岩が見える。

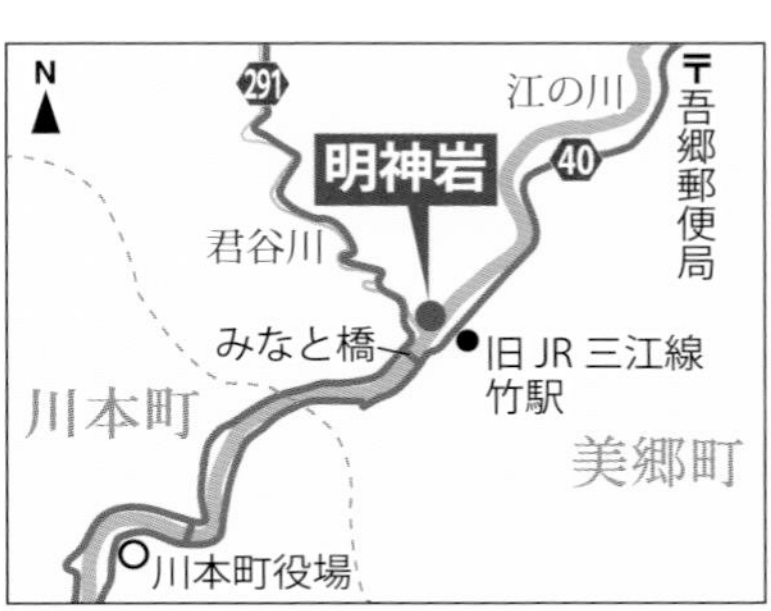

⑱ 光《ひか》り石《いし》（美郷町）

過疎進む地域 再び輝く

美郷町酒谷にある山下家のこけむした庭の一隅に「光《ひか》り石《いし》」と呼ばれる高さ2.1メートル、奥行き3メートル、幅3.6メートルの四角い岩が鎮座している。

言い伝えによると、昔この岩が光輝いていて、その明るさは数キロにも及び、暗夜に明かりがなくても農作業ができた。村人たちは、昼夜分かたず働き続けては体がもたないと、相談して石の光る部分を取り除いた。

すると、その夜から光は消えて、村人は普通の生活ができるようになったという。伝説を裏付けるように、石の上部には切り取られたような跡が残っているという。

光り石の伝説は地域の語り草で、興味を持った研究者が来て調べたこともあるが、光の正体は分からなかったという。ただ、近くには

光り輝いた伝説の「光り石」

光り石を説明する山下学さん（右）

アクセス

浜原方面から県道166号を国道54号方面へ進むと左手に光り石の案内板がある。光八幡宮の向かいの個人宅の庭にあり、見学も可能。

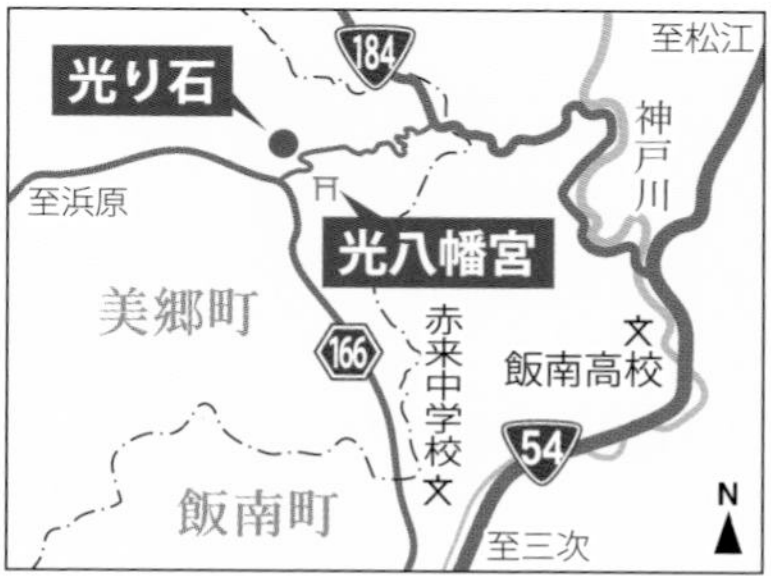

光八幡宮、光稲荷、光峠《ひがだお》など、「光」を冠する場所が数多くある。

　地域では2014年から、紅葉の深まる11月に光り石の周辺を「光の里」と称して、光八幡宮境内の樹齢数百年といわれる大イチョウや、近くの光稲荷神社のモミジをライトアップしている。

　水を張った田んぼに木々が映る様子は幻想的で、光り石の伝説を受け継ぐ新たな「光」が、過疎化が進む地域を再び明るく照らす。山下家の山下学さん(67)は「この光り石が、秋のライトアップ活動の一躍を担っていることに喜びを感じる」と話している。

（2019年10月5日付）

⑲

田《た》守《もり》天神（美郷町）

海の嵐に祈願して助かる

田守天神

美郷町役場大和事務所の後ろの祠《ほこら》に祭ってある。昔、今村某が京都の北野天満宮に参詣し境内の小石を一つ拾い帰途についた。途中、船上で嵐に遭い小石に祈願して海中に投げると嵐は止み無事に帰宅できた。不思議と投げたはずの小石が懐中から出てきたため、祠を建てて小石を祭ったことが始まりだ。

アクセス

田守天神は美郷町大和事務所の敷地内にある。美郷町役場から国道375号を南下し大和中学校の先を左折して県道55号に、すぐに右折して600メートル。

力石

須田郡司

力だめし、力競《くら》べをする石で、一般に卵形の自然石で日本全国に分布する。持ち上げた記念として姓名をその石に刻んで神社に奉納するならわしがあり、全国の神社にみられる。

古くは神意を伺うためのもので、石占いに使われていたとみられる。石見地方にも多くの力石《ちからいし》が点在する。

松川の力石：江津市松川町市村１２３

「この3個の力石は、昔恵良の君寺にあったもので、御影石でできている。昭和の始め頃まで村の若者が力自慢に使っていたと伝わる。高下駄ばきで腰の上まで抱え力競べをしたという」

江津市松川町の「力石」の看板より

佐比売山神社の力石：大田市三瓶町多根イ３０５

大祭天石門彦神社の力石：浜田市相生町 1571

※このほかに、有福温泉の八幡宮境内（津市有福温泉町256）、水上神社境内（大田市水上町3）にも「にない石」（75kg）と呼ばれる石があります。

⑳

米《こめ》喰《く》い岩《いわ》（川本町）

助け合う温かさ伝える

川本町の市街地から江の川の対岸の山を見上げると、中腹に米粒のような形の岩が木々の中から顔をのぞかせている。口が開いているようにも見え、「米喰《こめく》い岩《いわ》」と呼ばれ、地域のシンボルとして親しまれている。

昔「がっこ」と呼ばれた、足にけがをした人がいて、村人たちは毎日ご飯を用意していた。ある時、がっこの姿が見当たらないので探すと、対岸の岩の下に小屋を建てて寝込んでいた。

心配した村人たちは川を渡って毎日ご飯を届けた。すると、また、がっこが小屋からいなくなった。戻って来るかもしれないと、村人たちはご飯を届けた。不思議なことに、がっこの姿は見えないが、ご飯は毎日なくなっている。

「誰が食べるのかな？」とみん

江の川の対岸から米喰い岩（左上）を指さし、説明する森脇登さん

なが上を見上げたら、大きな岩が口をパカーンと開けている。「岩が米を食べたんじゃないか」と言い合い、米喰い岩と呼ぶようになった。

町読書ボランティア連合会が2008年、地元のお年寄りから聞き取って絵本にした。助け合って暮らしていた川本の人々の温かさを子供たちに伝えている。

川本町の歴史に詳しい森脇登さん(92)は「川本で昔から愛されて来た岩なので、伝承とともに後世に残したい」と話した。

（2019年8月31日付）

米喰い岩

アクセス

川本町役場から江の川を挟んで約0.5キロ。川本大橋を渡り、右折して県道187号を400メートル進む。三谷川を渡ってすぐに県道291号を200メートルで米喰い岩直下にたどり着けるが、岩までは急斜面で登ることはできない。

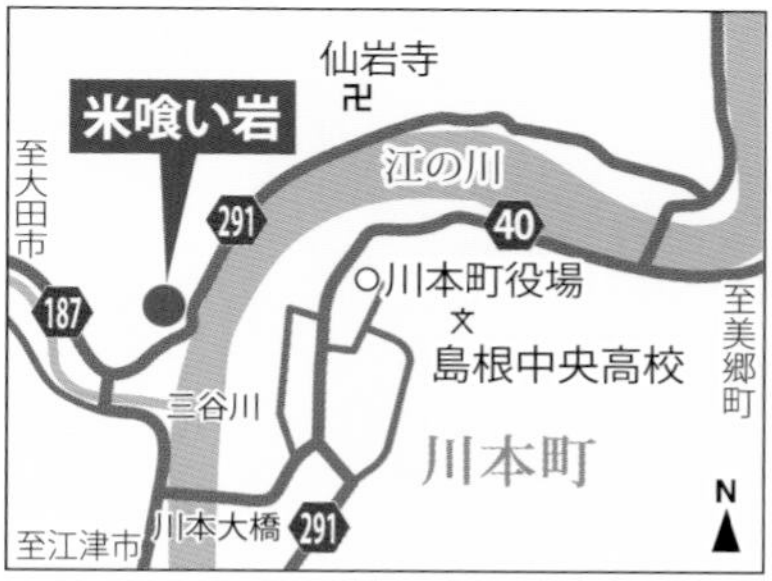

㉑ 山姥《やまんば》洞窟（邑南町）

山姥 早乙女に化け隠れる

邑南町矢上地区にある原山（888メートル）の登山口から約1時間登ると、大きな岩と岩の間に、人が1人通れる縦長の穴がぽっかりと空き、奥へ続いている場所がある。山姥の伝説が残る「山姥《やまんば》洞窟」だ。

昔、原山の麓の家で田植えをするのに早乙女を幾人か雇った。ところが、早乙女の数が1人多いので、誰か手伝いに来てくれたのだろうと、昼食を多く作ると、一つ余る。それが毎年続き、1人ほど多い早乙女は「山姥ではないか」と、人々は言い合うようになった。

地元では、この山姥は、オオクニヌシノミコトの妻スセリヒメノミコトの嫉妬を避け、岩窟に隠れたヤカミヒメと同一視されている。諸説あるが、矢上地区の地名の由来のひとつという。

ヤカミヒメは、水の神、五穀豊穣《ほうじょう》の神様として信仰され、毎年6月

山姥洞窟の入り口

洞窟の中から見た入り口

山姥洞窟について説明する三浦幹雄さん（左）

に地元にある矢上姫の神社で祭りが行われる。8月のやまんば祭りは、矢上地区の各自治会が競い合うように山車をつくる。「やまんばの里づくり大作戦」と名付け、山姥にちなんだグルメも展開しており、心優しき山姥を慕う地域住民が地域づくりに取り組んでいる。

メンバーの一人、三浦幹雄さん（67）は「登山道をさらに整備して、多くの方が参拝できるようにしたい」と話した。

（2019年6月29日付）

アクセス

邑南町役場から南西に約4キロ。県道7号から県道327号へ分岐する交差点を浜田道方面へ約1.6キロ進み、次の交差点の旭町方面青看板を右折。700メートル進んだ分かれ道を左に進み、さらに700メートル進んだ四ツ股の交差点の一番左の道を左に進むと原山登山口。徒歩で約1時間で山姥洞窟に着く。

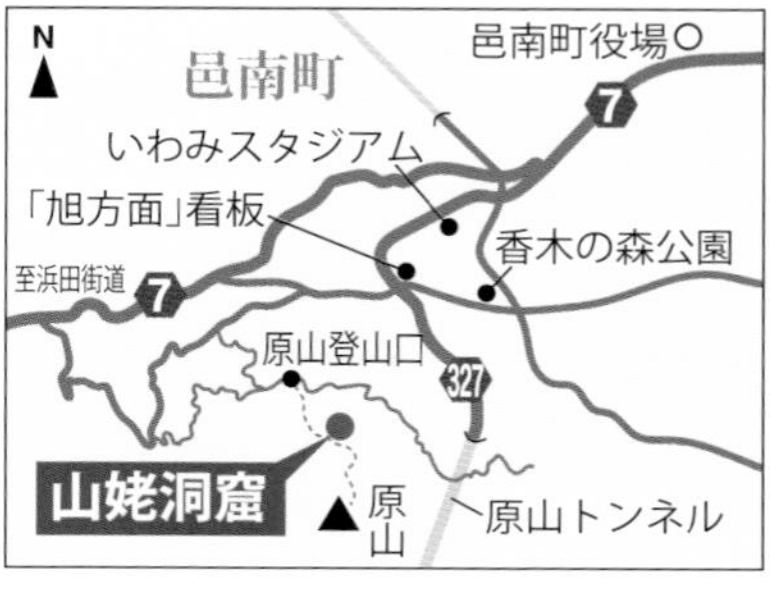

㉒ 志《し》都《づ》岩《のいわ》屋《や》神社の鏡《かがみ》岩《いわ》（邑南町）

山陰十景選ばれた縁結ぶ神

　邑南町岩屋の弥山の麓にある志都岩屋《しづのいわや》神社。本殿の背後には、ご神体である高さ約8メートル、幅約18メートルの「鏡岩《かがみいわ》」がある。大正時代に地元新聞社が選んだ「山陰十景」にも選ばれた名勝だ。

　神社の創建時期などの詳細は不明だが、オオナムチノミコト（オオクニヌシノミコト）とスクナヒコナノミコトを祭り、万葉集に歌われた「志都《しづ》の石室《いわや》」の伝承地として語り継がれる。鏡岩は「はなぐり岩」とも呼ばれ、岩に空いた小さな穴にこよりを通して結ぶと良縁が結ばれるとして「縁結びの神」としても信仰を集める。

　また、岩の間から湧く水は「薬《やく》清水《しみず》」と呼ばれ、万病に効くとして遠方からくみに来る人も多い。本殿横から弥山に登る道がある。「古志都《こしづ》」と呼ばれる岩など山全体に巨石が点在し、平安時代には、修験者の霊場として山そのものが信仰の場だった。

　春祭りの「たいまつ行列」、秋

うと、地域の子供たちに「役割」を与える。崇敬青年部がお正月に参拝者にお神酒を振る舞うなど、氏子たちは協力して神社を盛り立てる。

総代の日高学さん(70)は「岩は日本人の心。岩を見ていると心が落ち着く。山陰十景にも選ばれた場所なので、多くの人に訪れてもらいたい」と話す。

(2019年7月27日付)

志都岩屋のご神体の鏡岩

弥山にある古志都《こしつ》と呼ばれる岩

鏡岩について説明する日高学さん

アクセス

邑南町下田所の「道の駅瑞穂」から南東に約4.3キロ。道の駅から国道261号を川本方面に進み、最初の信号を右折。県道6号を道なりに岩屋地区まで進み、案内板がある交差点を右折して約1.7キロ。突き当たりが志都岩屋神社。

㉓ 龍《たつ》岩《いわ》神社（邑南町）

別名八色石　地域見守る

邑南町八色石《やいろいし》の龍岩《たついわ》神社を訪ねようと、角谷《つのだに》川沿いの道路脇の立派な木の鳥居をくぐると、400段を超える石段が山の上へと続いていた。20分ほどで登り切ると、山頂には拝殿が立ち、その後ろに蛇の頭のような形をした高さ約5メートル、幅約6メートル、周囲約19メートルの「龍岩」がどっしりと鎮座している。

伝説では、ヤツカミズオミツノミコトがこの地に降りると、そこに一人の姫が現れ、「この国に八色石あり。山をから山となし、川を乾川となし、蛇と化けて、常に来て民を悩ます」と告げた。ミコトは八色石を退治しようと、石を二つに切ると、首は飛び去って邑智郡の龍石に、尾は裂けて旧美濃郡の角石《つのいし》となったとある。

この龍岩が、ご神体となった。別名を八色石と言う。角谷川の上流には、石を切ったときに飛び散った血が固まったといわれる夫婦石も

「岩上の穴」。祭りの日、水がたまっていると豊作という

夫婦石

アクセス

石見布施郵便局の西北西約2.4キロ。同局から県道55号を川本方面に向かい、県道31号に突き当たる交差点を右折して650メートル進むと、道路左手に看板があり、分かれ道を左に500メートル進むと右手に龍岩神社の鳥居がある。

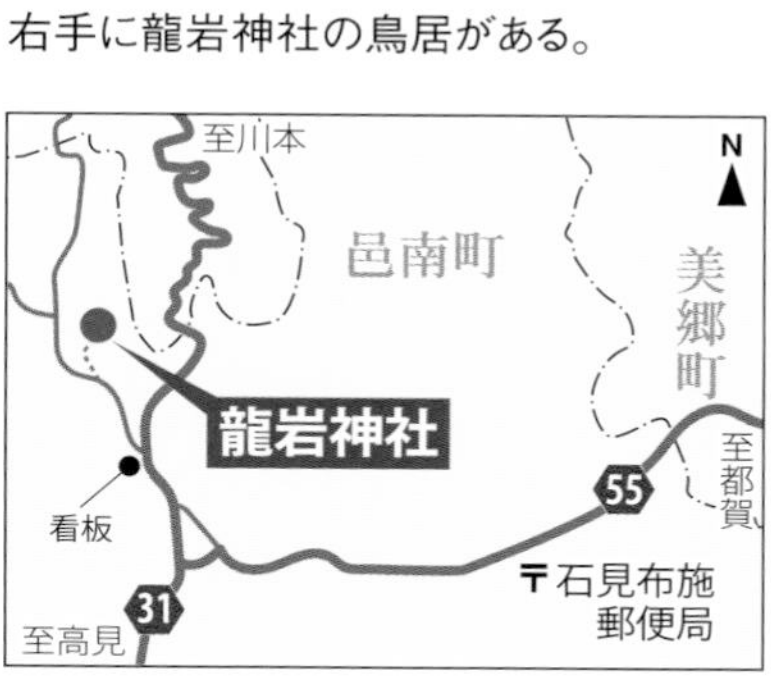

龍岩神社の龍岩を見上げる藤田貢さん(右)

残る。

龍岩は古くから水の神として信仰され、おかげで水に困らなくなったとも、火災よけに御利益があるともいわれている。拝殿から八色石の集落を見渡す眺めは絶景で、総代の藤田貢さん(70)は「ここからいつも地域を守っていただいている。われわれも真心をささげて神様を守っていきたい」とほほ笑んだ。

(2019年9月7日付)

㉔ 鬼《おに》の木《き》戸《ど》（邑南町）

開いていると「外出中」

山から突き出た巨岩の下に祭られる「貴船神社」

邑南町中野の門谷川《もんたにがわ》の上流に川の流れを遮るように二つの巨岩が立っている。高さは7.5メートル、幅は写真の左側が2.4メートル、右側は3メートルほどの大きさだ。

さらに上流に向かうと、門谷山の斜面から突き出た巨岩の下には社が祭られている。

手前の二つの岩が「鬼《おに》の木戸《きど》」、社は「貴船神社」だ。

地元の言い伝えによると、二つの岩より奥に住む鬼が、出掛ける時は二つの岩を開け、戻った後は閉じていたことから、鬼の木戸(城戸《きど》)と呼ぶようになった。

岩から上流は神の住まう神聖な場所として、汚すことはもちろん、立ち入ることさえ禁止されていた。今は岩は「開いている」状態で、住民は「鬼は出掛けている」と言い合う。

貴船神社に残る棟札に江戸時代に勧請されたことが記されている。水の神様として慕われ、木戸を通って流れ出る門谷川の水は「鬼の木戸の水」として、島根の名水百選にも選ばれている。

木戸より上流は今も聖域とされ、11月の祭りの日は地域に住む全員が参拝して水への感謝をささげている。氏子の椿堅さん(75)と上田元春さん(70)は「今も昔も水はなくてはならない大切なもの。神聖な場所なのでこれからも守っていきたい」と静かに話した。

(2019年11月16日付)

「鬼の木戸」の前に立つ上田元春さん(左)と椿堅さん

アクセス

邑南町役場から北北東に約1・7キロ。役場から県道7号を国道261号方面に約1キロ進むと左手に道案内の標識がある。左折して約1・1キロ地点に林道上別所線の標識がある。林道を300メートル進むと「鬼の木戸」がある。

㉕ 鏡《かがみ》岩《いわ》（邑南町）

漁師が救われた〝光る岩〟

原山の中腹に鏡岩《かがみいわ》（観音様）はある。浜田の漁師が急に海が荒れた時、不思議なことに山の方に明かりが灯って救われたという。原山の鏡岩が光って灯台の役割したもので、漁師たちはこの「光る岩」を観音様としてお礼参りしたと伝わる。

鏡岩

アクセス

邑南町役場から浜田市方面に県道7号、県道327号を約3.2キロ進み、旭方面（看板あり）に右折する。700メートル進み二股の道を左へ。さらに700メートル進み、四つ股の一番左の道へ。T字路を右に進むと鏡岩がある。

鶏卵供え　歯痛に御利益

蛇神様に手を合わせる三上正人さん

邑南町雪田に蛇《へび》神《がみ》様を祭る大岩がある。岩の中ほどに30センチほどのしめ縄が張ってあり、小さな割れ目がある。歯痛に御利益があるといわれ、人々は鶏卵をお供えして祈願したという。かつて祭りも執り行われていたが、今は訪れる人も少ない。

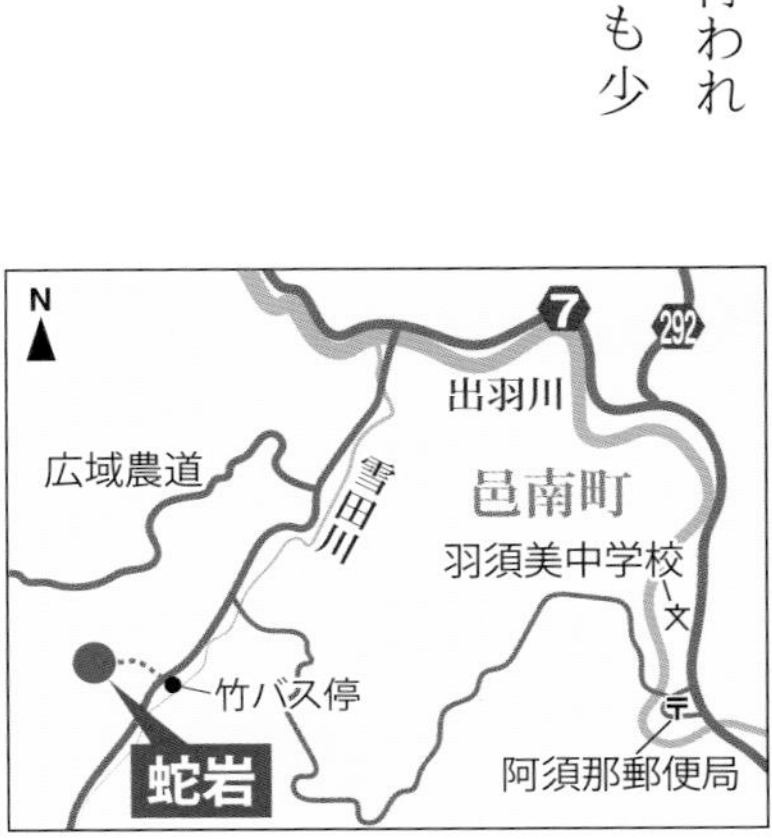

アクセス

羽須美中学校から県道7号を高見方面に約2.9キロ進んで左折。雪田川沿いに2.1キロ地点の「竹バス停」を右に入る。行き止まりの民家から左のあぜ道を進むとある。駐車場はなく民有地なので注意。

㉗ 諏《す》訪《わ》神社の船《ふな》石《いし》（邑南町）

イボが取れる窪みの水

船石

邑南町矢上地区の諏《す》訪《わ》神社の参道の先に船石《ふないし》はある。伝承によると、とある山の上に船の形をした大きな石があった。その石があまりに立派だったのでお宮に奉納したという。船石の窪みに溜まった水をイボに付けると、イボが取れると言われている。

アクセス

邑南町役場から諏訪神社へ約900メートル。神社の南東側にぐるりと回ると境内まで車で入れる。拝殿前に船石がある。

島根県石見地方には、本誌に掲載した50か所以外にも多くの石神さんが残る。現存を確認できない石神さんもあったが、記録として残すため可能な限りまとめた。

石東

大田市

【衣掛石《ころもかけ》】（温泉津町）
スサノオノミコトが衣を掛けた石。厳島神社境内社の衣替《ころもがえ》神社の前に鎮座している。

【烏帽子端《えぼしばな》】（久手町）
同町にある苅田《かりた》神社は往古、神谷山《かんだにやま》山頂付近にあるこの大岩の上に鎮座していた。

【冠巌《かんむりいわ》】（仁摩町）
冠山の山頂に高さ約15メートルの冠に似た巨大な奇岩がある。冠巌、権現岩と呼んで崇敬されていた。

邑南町

【茶臼岩】（中野）
長方形丸型の巨石で、岩の上に直径1.2メートルの窪みがあり水が溜まっている。雨乞いの祈祷《きとう》をしたと伝承される。

【七福神の岩】（阿須那）
高さ1.5メートル、幅90センチの石で、前面の部分が人の形のように見える。今も年1回祭りを執り行っている。

【郡石《こおりいし》】（矢上）
郡山地区に亀の形をした、長さ、幅が各約2メートルの石。オオチススミノミコトとオオチヒメの2神を祭っている。

美郷町

【石体天神《せきたい》】（都賀本郷）
藤原某が厳島神社に参詣した際に小石を持ち帰り飯の山の麓に祭った。松尾山八幡宮に合祀《ごうし》されている。

石央

江津市

【石神様《いわがみ》】（後地町）
宝殿ケ鼻《ほうでんがはな》にある長さ、幅が各1.2メートルの岩を石神様《いわがみ》と称して礼拝していた。現在は近くの厳島神社に合祀されている。

【爺さん井戸・婆さん井戸】（浅利町）
隠れ岩に隠れた姫を追って老夫婦が力尽きた場所。2人の涙が岩の窪みに溜まり井戸となったと伝承されている。

【大元神の遊び石】（桜江町）＝伝承
大山祇命神社《おおやまつみのみことじんじゃ》の沖の田んぼの中に、大元神の遊び石という長方形の大小2個の石があったと伝承が残る。

浜田市

【鍋石】（鍋石町）
鍋を伏せたように見える高さ30センチほどの石。瑞垣に囲まれ祭られている。町名の由来になったと伝承される。

【穴観音】（国分町）
畳ヶ浦と接する岩窟にある。昔は岩の表面に尊像が見え、洗い観音と呼ばれていた。今は石像が安置されている。

【ハミ岩】（旭町）
田代神社の後方の田んぼの中にある大石。ハミ岩の上に顕《あらわ》れた神の神託により同社を建て祭った。

【明神の活石《いきいし》】（旭町）
黒尾某が宮島の厳島神社に参詣した際に小石を持ち帰り、同町で厳島神社として祭った。次第に大きくなり、今の大きさになったと言う。

石西

津和野町

【鵜岩《うのいし》】（河村）
厳島大明神が筑前の宗像の三宮から分魂し安芸の厳島に天翔ける時、この岩の頂上で一夜宿ったと伝承される。

【河内さん】（池村）
石川某が伊勢参宮した際に小石を持ち帰り門の前に置いたら、数日で3尺ほどになったので祭ったといわれる。

吉賀町

【三つ岩】（立戸）
八本の足や八股の角があり、人や獣を襲った伝説の八畔鹿《やつぐろしか》が、この岩に蛇がとぐろを巻くようにして居座ったとされる。

【金五郎岩】（立戸）
八畔鹿を退治しに来た江熊太郎が、三つ岩に巻きつく八畔鹿に向かって毒矢を射た場所で、かつては荒神明神があった。

益田市

【鹿姫岩《かひめいわ》】（匹見町）
この岩の上にかつて祠《ほこら》があった。大洪水で流され、浜辺に漂着したご神体は櫛代賀姫《しろかひめ》神社の境内に奉斎されたと伝承が残る。

【愛宕《あたご》神社】（向横田町）
ある人の夢枕に白髪白衣の翁が顕れ「洪水で流されたから拾って祭れ」と神託があった。川端の見慣れぬ石を拾い火伏の神として祭った。

＊カッコ内は所在地。「＝伝承」は現存を確認できない石神さん

㉘ かくれ岩《いわ》（江津市）

スサノオ娘が身潜める

江津市嘉久志《かくし》町の岩根神社に近い住宅地に、高さ1.5メートル、幅1.2メートルのびょうぶのような岩がある。側に立つ石柱には「史蹟かくれ岩」と刻まれている。

岩にはスサノオノミコトの娘・タゴリヒメの伝説が残る。気性が激しいために、船で海に流された姫は、江津市波子町の海岸に流れ着いた。老夫婦に救われ、慈しむように育てられた。

成長したある日、故郷・出雲の混乱を知った姫はいてもたってもいられず、旅立つ。追いすがる老夫婦から隠れるために岩に身を潜めた。

やがて、出雲にたどり着いた姫は大功を立てるが、浅利町まで追い掛けた老夫婦は力尽き、亡くなったという。

伝説は郷土の歴史をまとめた冊

子「嘉久志ふる里探訪」などに記されている。地元に住む田中睦次さん(75)と城山一則さん(75)ら同級生で郷土の歴史を学ぶ機会があった。「このままでは地域のことが伝わらない。自分たちで何か残そう」と一念発起し、3年前に冊子を刊行した。

「かくし」の地名の由来ともいわれる「かくれ岩」。姫と老夫婦の切ない思いを宿した岩の伝説は、地域の歴史をつなぐ住民の願いとともに、後世へと語り継がれていく。

(2019年4月27日付)

びょうぶのような、かくれ岩

かくれ岩に体を隠す城山一則さん(左)、田中睦次さん(右)と筆者

アクセス

国道9号の嘉久志町交差点から県道330号を江津インターチェンジ方面に進むと、岩根神社参道入口の看板が立つ。岩根神社から東南東50メートルの民家の間にかくれ岩がある。

㉙ 妙見《みょうけん》神社のたたき岩《いわ》（江津市）

身清め夕方までに下山

妙見神社参道の傍らにある、たたき岩

江津市敬川町の日本海を臨む妙見《けん》山（標高162メートル）の山頂付近に妙見神社は鎮座している。麓から登ると参道の傍らにしめ縄を巡らした、高さ70センチ、幅1.5メートルの岩がある。参拝するときに柴の枝で自分の年齢と同じ回数だけ岩をたたき、身を清める風習から「たたき岩」と呼ばれている。

神社に残る伝説によると、その昔、夕方（午後4時以降）に妙見山に登るとたたりがあると言われ、村人は固く守っていた。ところが、1人の修験者が「そんなことがあるものか」と山に登ったところ、この岩の前で亡くなっていた。地元の人は「神の怒りに触れた」と話しあった。他にも妙見神社の神威を伝える伝説が多く残っており、海の守護や厄難除の神としてあつく信仰され、妙見神社沖の日本海を航行する際は、帆を三寸下げて礼拝しないと船が前に進まなかったという。

現在は敬川八幡宮に合祀されているが、祭りだけは妙見山で続けてほしいという氏子の思いから毎年12月に祭りを行い、たたき岩で身を清め、夕方4時までには祭りを終えて下山するしきたりを固く守っている。

二宮正巳宮司（76）は「前宮司から受け継いだものを次の代に渡すまで、大事に守っていきたい」と話している。

（2019年8月10日付）

アクセス

JR敬川駅から南へ約2キロ。国道9号の敬川橋東詰交差点から県道299号に入り南へ1.3キロ。右手に妙見神社の道案内の看板がある。右折して三《さん》兵《べ》衛《え》橋を渡り、敬川沿いを上流に進むと妙見神社の鳥居が見える。道は狭いので注意。参道を5分登ると中腹辺りにたたき岩がある。

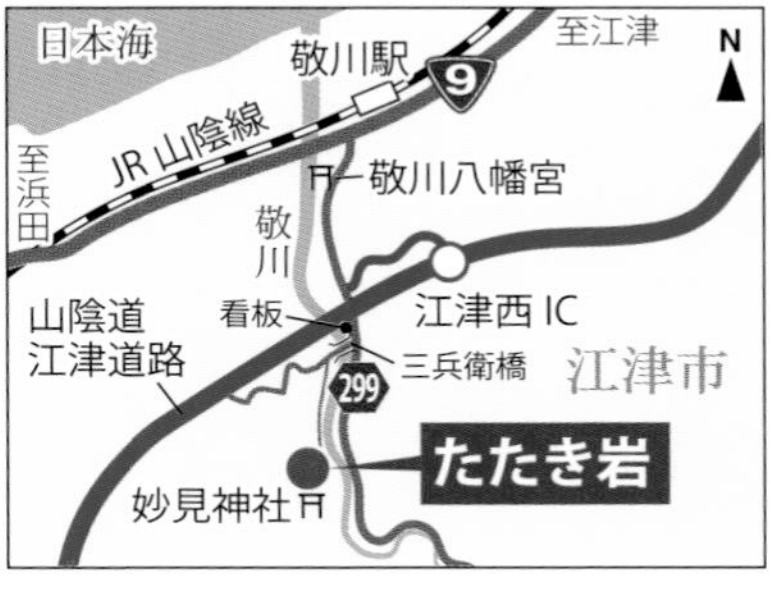

たたき岩を柴の枝でたたく二宮正巳宮司

㉚ 岩屋《いわや》神社（江津市）

伊勢から持ち帰り祭る

江津市桜江町後山の岩屋《いわや》神社を訪ねようと、山道を1時間ほど歩くと鳥居がある。それをくぐると、拝殿があり、背後に立派なスギが2本、境内を見守るように立っている。さらにスギの間から石段を上ると、小さな祠《ほこら》の横に高さ3メートル、幅4メートルの巨岩が鎮座していた。

地元に残る伝承では、ある人がお伊勢参りに行った際、夢枕に神様が立ち「もみ殻の枕ほどの大きさになるから、私をあなたの地元に連れて帰ってほしい」と言った。翌朝、伊勢神宮に参拝すると足元に石が転がってきた。拾うと案外軽く「昨晩の夢に出てきた神様はこの石のことか」と持ち帰った。島根まで帰り、現在の岩屋神社の辺りで休んでいると、急に石が重たくなったので、そこに祭ったという。

岩屋神社の元宮と岩を説明する岩本則幸さん

かつて後山地区には40戸以上あり、岩屋神社近くにも家があったが、今では地区全体で3戸。祭りも隣の市山地区の神社で一緒に執り行ってもらう。それでも、地域では今も健康や交通安全の神として信仰され、住民らが掃除をしたり、岩の近くにある祠のしめ飾りを毎年手作りしたりしている。

氏子の岩本藤正さん（87）は「神さんや周囲の皆さんのおかげで生かしていただいている。私が元気な間は守っていきたい」とほほ笑んだ。

（2019年9月28日）

祠の横にある巨石

アクセス

桜江B&G海洋センターから県道41号を渡り、並行する道を850メートル進むと左手に後山の案内板がある。右折して3.8キロ進むと右手に後山集落センターがある。センター前の道を約1.7キロ進むと、岩屋神社までの山道入り口に着く。神社までは徒歩1時間だが、山道は険しく、参道は分かりにくいため、地元の案内人がいないと行くのは難しい。

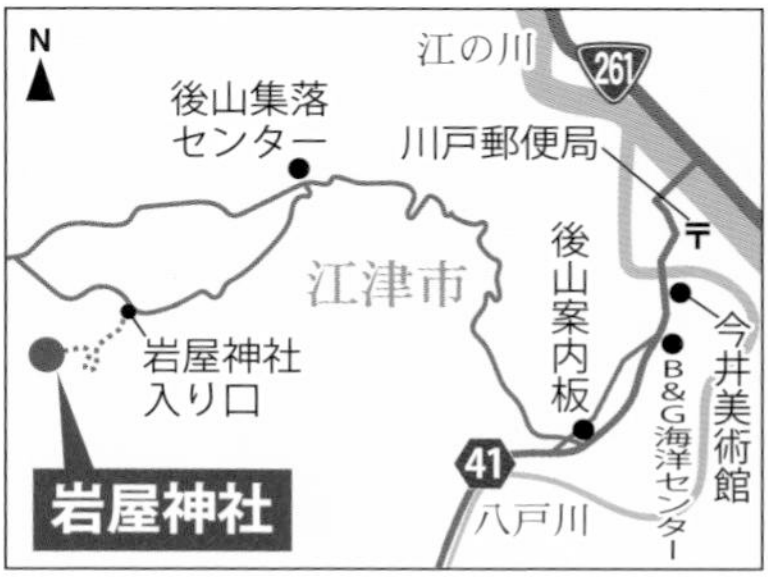

拝殿裏の巨石

㉛ 山辺《やまのべ》神社のねがい石《いし》（江津市）

白龍が現れ除災招福の神に

ねがい石

山辺《やまのべ》神社の境内にねがい石はある。幅30センチほどの石には、龍のような一筋の白い模様が入っている。千古の霊石に白龍が姿を現し除災招福の神になったと同社に伝わる。心を込めて一つの願を掛けて触れれば聞き届けられる、といわれている。

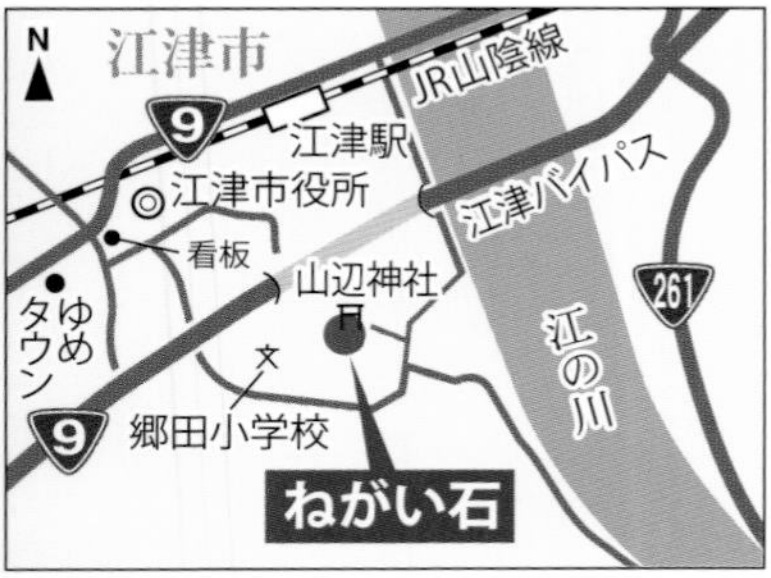

アクセス

JR江津駅から国道9号を西へ400メートルの信号交差点の「山辺神社」看板を左。最初の信号を左折、すぐの信号を右折して約1キロ。左手に看板があり、奥に鳥居が見える。

石見の地質鉱物

前編
「後編」は87ページ

島根県石見地方は、地質学的な観点からも全国的に貴重な鉱物が確認されている。主な地質鉱物として知られる、国及び県指定の天然記念物と名勝を紹介する。

文・大野　志津香

大田市

波根西の珪化木《けいかぼく》（久手町） 国・天
約1500万年前の樹木化石が海岸に露出する。

三瓶小豆原埋没林（三瓶町） 国・天
約4000年前の三瓶山の噴火で埋もれた縄文時代のスギの巨木林。

琴ヶ浜の鳴り砂（仁摩町） 国・天
「日本三大鳴り砂」の一つとされる砂浜。琴姫伝説が残る。

松代《まつしろ》鉱山の霰石《あられいし》産地（久利町） 国・天
菊の花のように見える結晶が寄り集まった団塊として産出する。産出地点が国の天然記念物に指定されている。

邑南町

断魚渓（井原） 国・名
江の川の支流、濁《にごり》川がつくる渓谷。
硬い岩盤が浸食されて独特の景観を作っている。
約4kmに渡って続く。

国・天（国の天然記念物）／国・名（国の名勝）
国・天名（国の天然記念物及び名勝）／県・天（県の天然記念物）

㉜ 天豊足柄姫命《あめのとよたらしからひめのみこと》神社の石神《いわがみ》さん（浜田市）

石になった姫神祭る

浜田市殿町の天豊足柄姫命《あめのとよたらしからひめのみこと》神社の本殿後ろに、ご神体の石が祭られている。地面から突き出るようにも見える高さ50センチの石が、瑞垣《みずがき》に囲まれて鎮座する。

祭神はアメノトヨタラシカラヒメノミコト。伝説によると、姫神の教えに従い、みんなが豊かに暮らしていたが、オロチが出てきて人々を悩ませるようになった。

心配した姫神は、出雲のヤツカミズオミツヌノミコトに頼み、オロチを退治してもらった。お礼に祝宴を開いた翌朝、姫神はにわかに石になったという。その様子を見たヤツカミズオミツヌノミコトは「奇異《くす》しき石見かな（不思議な石を見た）」と言ったと浜田町史に記され、「石見」の国号の由来とも言われる。

明治時代に赴任した浜田県令、佐藤信寛が本殿や社殿を再建。戦

ご神体の石に手を合わす岡本誠史宮司

後、そのひ孫佐藤栄作首相の計らいで社殿が改修され、氏子は後に佐藤首相の墓に参ったという。

人々を救った姫神と、それに信仰で応える人々の思いを宿した石に、地元の人たちは「石神《いわがみ》さん」と親しみを込める。岡本誠史宮司（82）は「これからも石のように固く神社を守っていきたい」と話す。

（2019年6月8日付）

天豊足柄姫命神社の社殿

アクセス

浜田郵便局駐車場から道路を挟んで斜め向かい（北東）。鳥居はなく、浜田城主歴代の碑の看板がある。瑞垣内は立ち入ることができない。

㉝ 三《さん》角《かく》神社の三《み》つ石《いし》さん（浜田市）

三隅氏への思慕受け継ぐ

浜田市三隅町三隅にある三角《さんかく》神社の本殿横に、高さ1メートルほどの細長い自然石が三つ並んで立ち、しめ縄が張られている。地元で「三《み》つ石《いし》さん」と呼ばれている。

三つの石はもともと、三角神社の近くの神元浴《かもとえき》にある小さな丘の上に並んで立っていた。三隅町誌によると、この場所では中世の頃、三隅を治めた三隅氏の祖、藤原国兼公を御神本《みかもと》大明神として祭っていたという。三隅氏が滅亡した後、荒廃して石が残るのみとなった。

その後も、神元浴では、この三つの石が三隅氏の始祖から3代のご神体と伝承されており、周りの草刈りや献花をして大切に守っていたという。1979年になって、三つの石が三角神社の境内に移されて以降も、「三つ石さん」は地元では、三隅氏の始祖を祭った御神本大明神と同一視され、この地域を治めた三隅氏への思慕の念が、時を超えて受け継がれている。
93年に三隅町（当時）の文化財に指定されたが「三つ石さん」の由緒を知る人も減り、訪れる人も少ない。三隅郷土史研究会会員の田城謙二郎さん（70）は「三隅は三隅氏が興して発展した町。三隅氏のことをもっと知ってもらいたいし、三つ石も大事にしてほしい」と願っている。

（2019年8月3日付）

三つ石さんについて説明する田城謙二郎さん（右）

アクセス

JR三保三隅駅から県道211号を約1キロ進み、国道9号の交差点を右折。すぐに右手にある三隅中央公園の看板を右折して、子落橋を渡ってすぐ右手の道路沿いに三角神社がある。

㉞

八《はち》幡《まん》岩《いわ》遺跡（浜田市）

信仰集めた証し 石柱に

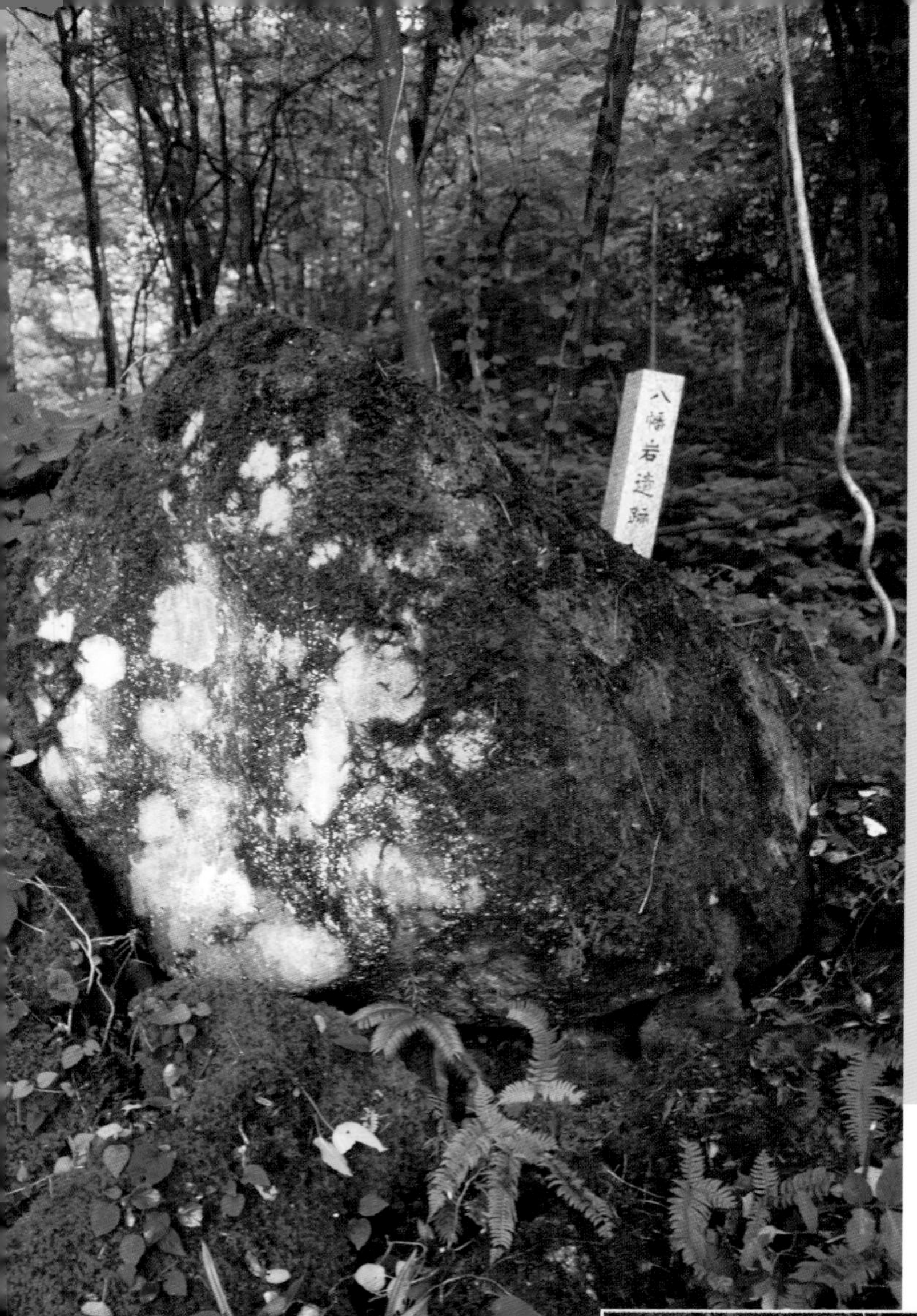

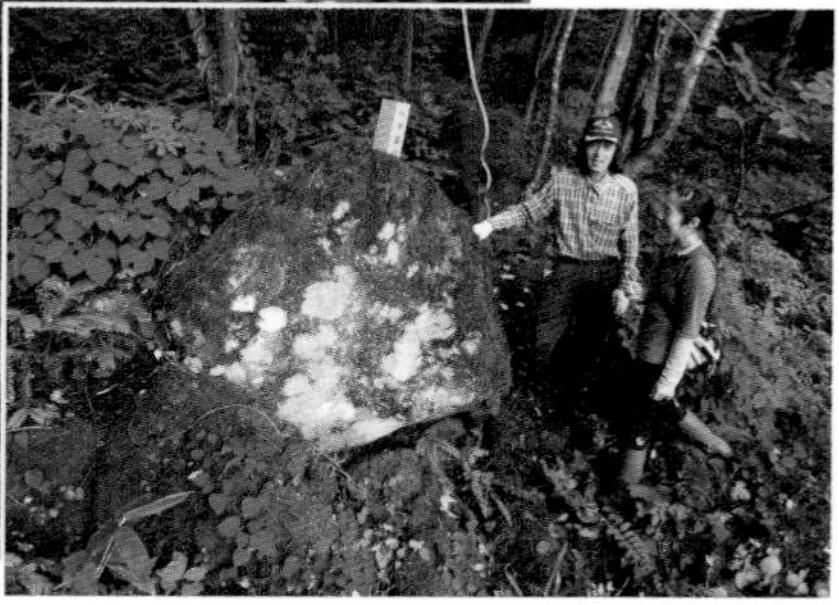

八幡岩遺跡を説明する隅田正三さん（左）

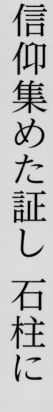

砂防ダムの中にある八幡岩

浜田市金城町長田の大井谷川上流にある砂防ダムの中に、八幡《はちまん》岩《いわ》遺跡がある。砂防ダムの木立の中にある、こけむした50センチから3メートルほどの大小の石が重なった積石塚《つみいしづか》の中に、八幡岩と呼ばれる高さ約1.6メートル、幅約2メートルの岩が鎮座している。

宇佐八幡宮（現・宇佐神宮、大分県宇佐市）から八幡岩に勧請《かんじょう》され祭祀《さいし》の場所になった後、1185年に常盤山に遷宮されたと伝わる。八幡神は鉄の神でもあり、この一帯で盛んに行われてきたたたら製鉄との関連もあるとみられる。

いつごろから祭祀が行われていたのか、詳細は分かっていないが、少なくとも10世紀以前から祭祀の対象だった可能性がある。

遷宮された後も、地主が小さな祠《ほこら》を建てて八幡岩を祭っていたが、度重なる水害を受けて砂防ダムが建設され、祠はなくなり、現在は砂防ダムの中にあるため、岩に近寄ることも難しい。信仰を集めたことを示すのは、八幡岩の後ろに建立された「八幡岩遺跡」と示す石柱だけになっている。

波佐《はざ》文化協会の隅田正三会長（77）は「砂防ダムができて八幡岩遺跡を知る人はほとんどいない。常盤山八幡宮の元宮がここにあったことをぜひ知ってもらいたい」と話した。

（2019年10月26日付）

石柱だけが遺る

浜田市

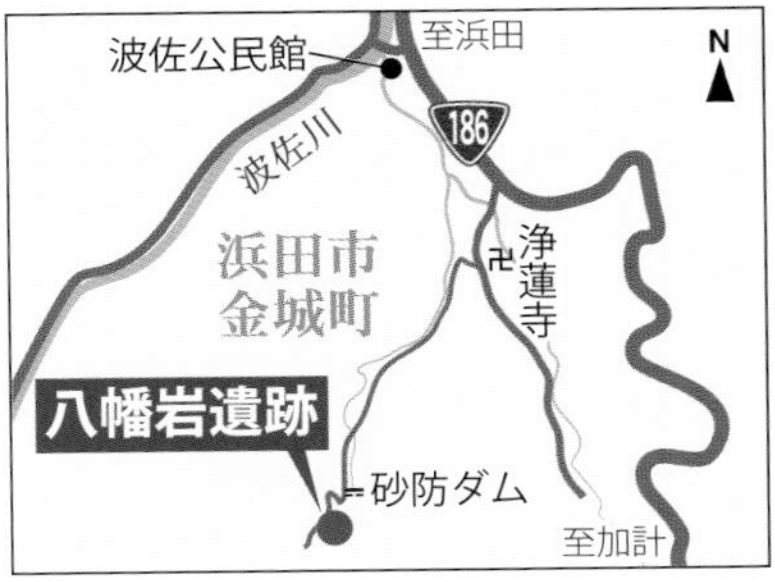

アクセス

波佐《はざ》公民館から国道186号を広島方面に約280メートル進み、右折する。道なりに約750メートル進むと左手の浄蓮寺を右折して道なりに約1.3キロ進むと砂防ダム。右岸の斜面に八幡岩遺跡がある。

㉟

弁《べん》天《てん》島（浜田市）

航海安全をあつく信仰

弁天島

国府海水浴場近くにある弁《べん》天《てん》島は、近年コンクリートの防波堤で陸続きになった。弁天島と呼ばれる岩礁の上に小さな社の弁天神社が鎮座。弁天さんは海の神様で、地元の漁師は航海安全の神様としてあつく信仰している。

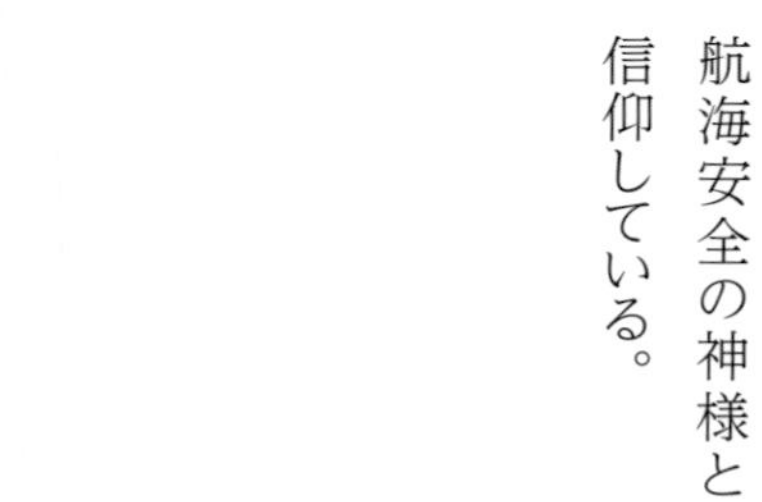

アクセス

国民宿舎千畳苑の南西隣接地にある海浜公園から見える。海が荒れていなければコンクリートの道を歩いて行ける。

石見国三之宮の巨岩

烏帽子岩に手を合わせる横田重實さん（奥）と平藪富久さん（手前）

大祭天石門彦神社本殿背後の巨岩

大祭天石門彦《おおまつりあめのいわとひこ》神社は石見国三之宮で、三宮《さんくう》神社とも呼ばれ浜田市相生町に鎮座している。本殿背後には高さ7メートル、幅11メートルの大きな一枚岩があり、少し離れて烏帽子岩《えぼしいわ》がある。岩に関する伝承は残っていないが、かつては大石をご神体として祭ったのではないかとの説もある。

アクセス

JR浜田駅から浜田署を通り、浜田高校前を右折。浜田川を渡ってすぐ左折し、国道186号を進み、浜田道をくぐってすぐ右手に見える。

㊲ 注《し》連《め》岩《いわ》（益田市）

益田の起源となった場所

益田川沿いの益田市染羽町にある染羽《そめば》天石勝《あめのいわかつ》神社は、近くに雪舟ゆかりの医光寺や万福寺が立つエリアにある。神社の本殿に向かうと、右手に弁天池があり、池の背後は断崖のようになっていて、ツタの隙間から岩肌が見える。これが高さ20メートルを超える一枚岩の「注《し》連《め》岩《いわ》」だ。

創建は725年と伝わる。10世紀初頭に成立した延喜式に記された神社は式内社といわれ、この神社も「美濃郡五座」の一座として列せられる由緒ある神社だ。

小川喜直宮司（44）によると、創建当時、畿内から益田に移住した豪族「春日族」が荒れ地を開拓し、弁天池の背後の岩に注連縄を張って、始祖・アメノイワカツノミコトを祭ったことから「注連岩」と呼ばれたという。ご祭神は今は本殿

弁天池から注連岩を見上げる小川喜直宮司（右）

に祭られるが、古くはこの岩自体が信仰を集めた。「このご祭神を主祭神として祭るのは全国でもここだけで、益田の起源となった場所」と誇らしげだ。

かつて徳川幕府からも崇敬を受けたが、今では岩の存在を知る人は少なくなっている。それでも、小川宮司は、古来益田の人々が岩に託した祈りを伝え、神社を守っていくつもりだ。

（2019年4月20日付）

アクセス

益田東高校のすぐ西側。染羽天石勝神社の境内にある。

㊳ 熊野権現神社の養《よう》老《ろう》滝《のたき》（益田市）

改元きっかけの伝承地

熊野権現神社の後ろで、養老滝が流れた岩盤を指さす潮一男さん（左）

益田市美都町宇津川の県道脇の階段を上り、山道を20分ほど歩くと、高さ20メートルの巨岩が現れる。穴から水が湧き出た「養《よう》老滝《ろうのたき》」の伝説が残る岩だ。よく見ると、下から3メートルほどのところに直径約20センチの穴が開いている。前には岩を守るように熊野権現神社が立ち、大イチョウが根を張っている。

日本文徳天皇実録《もんとくてんのうじつろく》によると、854年に石見国美濃郡で、濁酒に似た甘い味のする醴泉《れいせん》が、大岩から3日間だけ湧き出たと記される。この出来事を朝廷に報告したところ、「めでたいことが起きるしるしだ」とされ、元号を「仁寿《にんじゅ》」から「斉衡《さいこう》」に改めたという。

熊野権現神社の創建も同時期とされ、イザナギノミコトとイザナミノミコトを祭る。昭和30年代は8戸で神社を守ったが、今では地区に住むのは1戸だけ。それでも、氏子総代長の潮一男さん（70）ら地区外に住む2戸を含めて3戸の氏子が力を合わせ、秋の例祭を絶やさず行い、参道の草刈りも続けている。

世は「平成」から「令和」へ改元。集落の衰退が進むにつれ、神社と伝説を後世に伝えなければという思いは日々強まる。潮さんは「ここは、元号が変わるきっかけになった伝承地。たくさんの人に知ってもらい、訪ねて来てほしい」と話す。

（2019年5月11日付）

益田市

アクセス

国道191号沿いの道の駅サンエイト美都から県道34号を500メートル進み、県道48号に入る。1.5キロほど進むと、左手に養老滝の案内板が立つ。横の階段から山道を20分ほど上る。

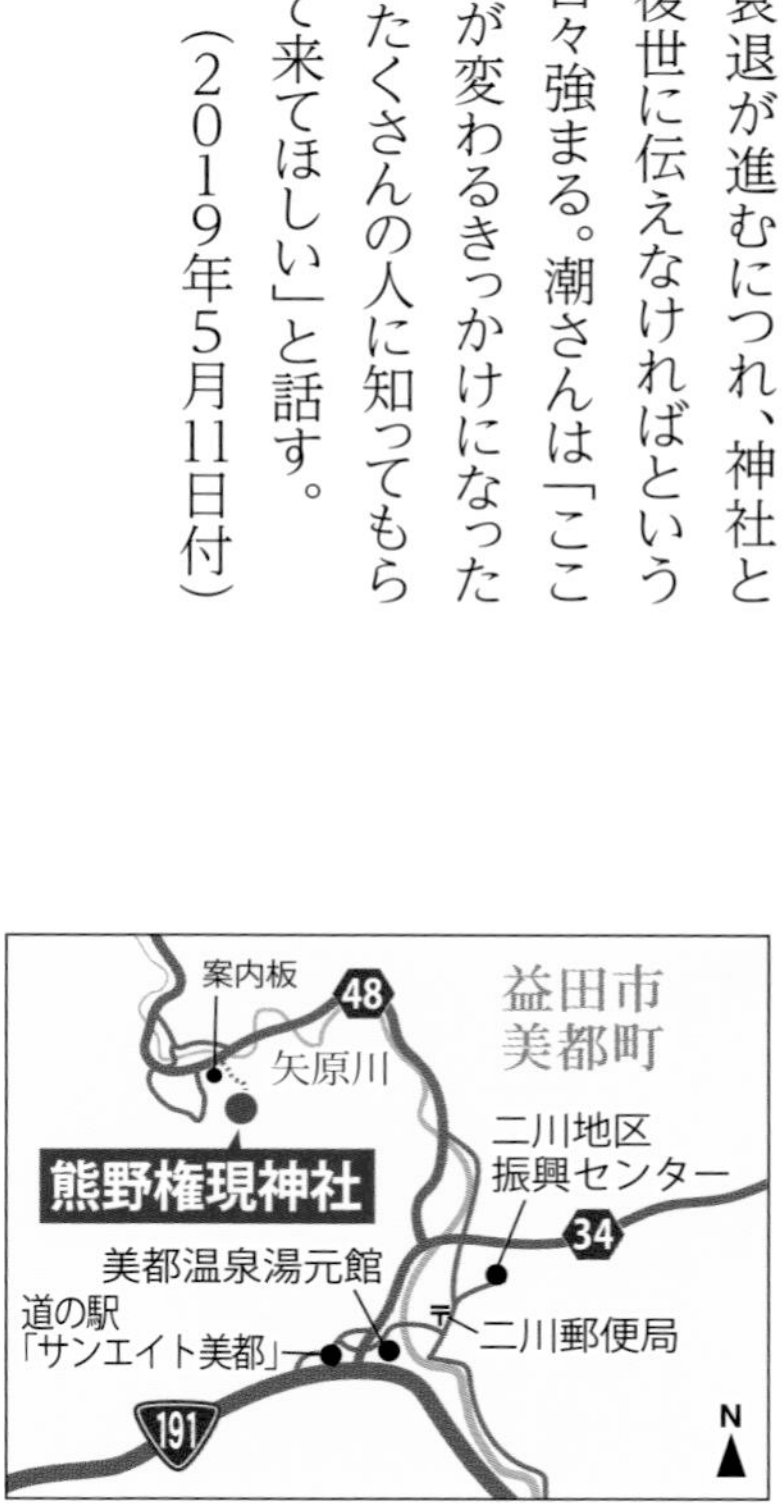

㊴ 衣毘寿《えびす》神社（益田市）

森に根付く　えびす信仰

益田市梅月町の本俣賀《ほんまたが》川沿いの山中に鎮座する衣毘寿《えびす》神社。石垣の上に立つ拝殿の後ろに、高さ2メートルほどの巨石がある。これが神社のご神体だ。

江戸時代、この地区で庄屋を務めた家の守り神として、岩をご神体に神社を勧請した。えびす信仰は、外（異境）から富をもたらしてくれる神（えびす神）への信仰で、えびす神社は漁村に多く祭られていた。

宮司を務める宮崎安則さん（64）によると、「自然の神様として、自然の目に見えないところからおかげをいただいているとして、当時の庄屋さんが、この山の中に勧請した」と話す。

祭神は食べ物の神様、田の神様のウケモチノカミ。明治時代の初めに地区で始まった酪農で、地域

石垣の前に牛の像が立つ

衣毘寿神社にお参りする宮崎安則宮司。ご神体の巨岩が社殿の裏に少しだけ見える

アクセス

JR山口線本俣賀駅から西石見広域農道に出て日原方面へ1.8キロ進むと左手に梅光山天満宮。すぐ前の郷橋を渡って200メートル先を左折して約1.3キロ。徒歩で橋を渡り上流方向に山道を5分ほどで着く。

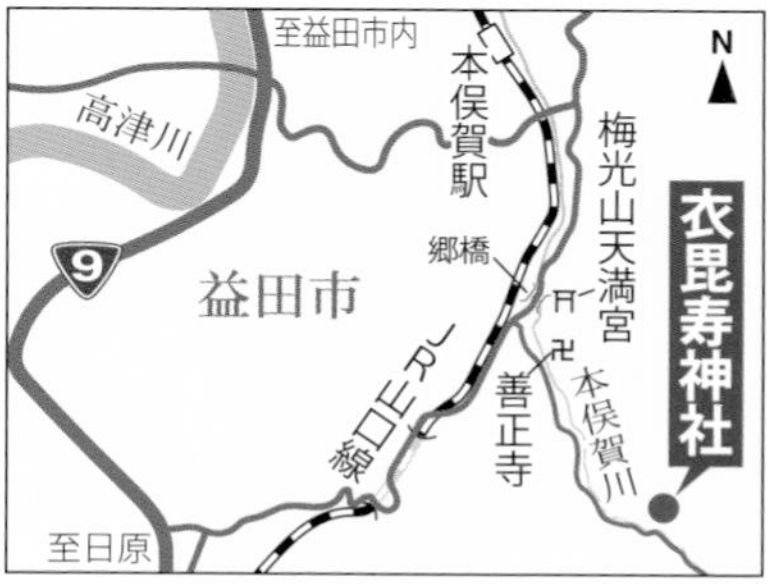

は栄えた。その名残りは、拝殿の石垣の前に立つ牛の像からもうかがえる。1883(明治16)年に地区民こぞって感謝をささげ、大祭を行ったとの記録が残り、今でも毎年4月に地区の住民が集まり、一年の豊作を祈る。

はるか昔からこの岩に、地域の人々が静かに祈りをささげ、願いを託してきた。「自然の岩に神様が宿り、われわれに富を巡らしていただく。この静かな森の中で、みなさんが神様の存在を感じ取ることができたら、それで良いと思う」と宮崎宮司はほほ笑んだ。

(2019年7月6日付)

⑩

三《み》坂《さか》大明神（益田市）

自然崇拝の原初感じる

三坂大明神の祠に参る渡辺友千代さん（右）

切り立った巨岩の下に祭られる三坂大明神

益田市匹見町の中心部から山中の道へと車を走らせ、同町紙祖の大神ケ岳《だいじんがたけ》（標高1177メートル）の途中にある三坂《みさか》大明神を訪ねた。

林道三坂八郎線沿いの登山口でもある三坂大明神の鳥居を通り、さらに山道を登る。「くぐり岩」と呼ばれる岩をくぐり、さらに登ると、間もなく高さ20メートル、幅50メートルの切り立った崖のような岩の下にたどり着いた。壁のような岩の割れ目に小さな祠《ほこら》があった。

祭られるのが三坂大明神という女神。かつて山は女人禁制で、地元では女性が山に入ると女神が「焼きもちをやき、嵐になる」と語り継がれている。古くから、屹立《きつりつ》した岩山そのものが「神の宿る場」として神聖視され、後には、修験の場でもあったという。

祠の後ろの岩の割れ目からはさい銭とみられる古銭も出土しており、古代から現代にいたるまで信仰の対象であったことがうかがわれる。

今では、県内外から訪れた登山客がこの岩を前に感動し、厳かな自然の力を実感する。元益田市文化財審議委員の渡辺友千代さん（72）は「自然崇拝の原初を感じることができる素晴らしい場所なので、ぜひ訪れてもらいたい」と話している。

（2019年10月19日）

アクセス

益田市匹見総合支所から南南東へ約6.6キロ。県道42号を吉賀町方面に10キロ地点で左折して、紙祖川を渡り林道三坂八郎線へ。林道を6・8キロ進むと、左手に鳥居と案内板がある。鳥居の登山口から三坂大明神まで歩いて約40分。

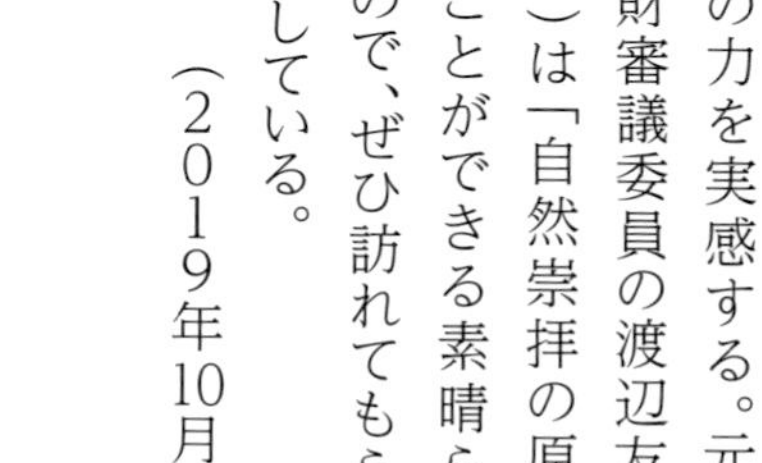

㊶ 三日月岩《みかづきいわ》（益田市）

姫神が領巾を振り月形に

三日月岩

益田市乙子町の比礼振山《ひれふりやま》山頂付近の道路脇に三日月岩《みかづきいわ》はある。高さ2メートルほどの岩の真ん中が三日月のような形で縦に割れている。この山の姫神達が、月が隠れるのを惜しみ、領巾《ひれ》を振って月形の石に止めたことから、三日月岩と呼ばれたと伝承されている。

アクセス

益田染羽局から国道191号を美都町方面に。300メートル先の橋を左折して石見西部広域農道を1.7キロ進み、「比礼振山山頂」の標識を右折して佐毘賣山神社前を通り山頂まで。山頂から100メートル徒歩で下ると右手斜面にある。

山葵に感謝を捧げて創建

益田市匹見町の大神ヶ岳《だいじんがだけ》の山中に山葵天狗社《やまあおいてんぐしゃ》はひっそりと佇んでいる。同地域が全国有数のワサビの産地であることから、ワサビ（山葵）に感謝を捧げようと昭和56年に地域住民が創建したことが始まり。毎年6月には祭りが執り行われ賑わう。

山葵天狗社

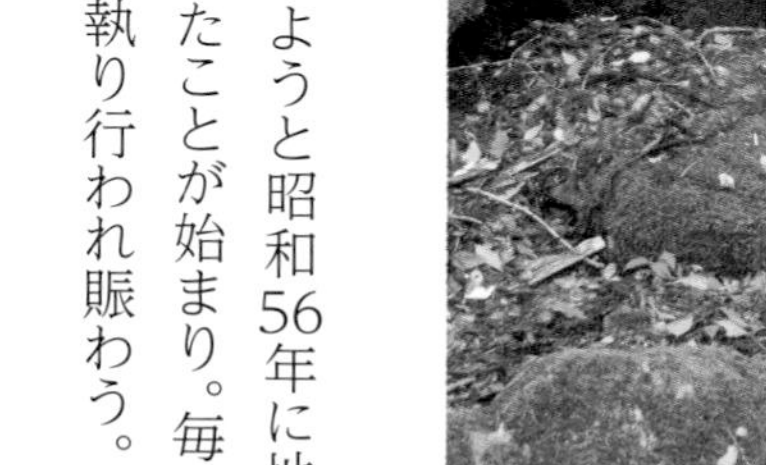

アクセス

益田市匹見総合支所から県道42号を吉賀町方面に10キロを左折して三坂八郎林道へ。6.8キロの左手に鳥居と案内板があり、歩いて30分の所に山葵天狗社がある。

43 阿《あ》那《な》観音（益田市）

耳の形の穴 耳に御利益

阿那観音

須子町角井にある阿《あ》那《な》観音（耳観音）は岩の穴を耳の形に見立て、信仰の対象としている。耳の障害にご利益があるとされ、穴の空いた石や火吹き竹を奉納する。江戸時代、岩穴から白髪老人が現れたとの伝説がある。

アクセス

JR本保賀駅から本保賀川沿いの道を下流に1.4キロ進むと左に看板があり左折。そこから細い道を700メートル。途中看板あり。車で行けるが要注意。

火吹き竹を当て耳が通る

虚空蔵

匹見町紙祖に虚空蔵《こくうぞう》はある。祠《ほこら》の中に高さ60センチほどの赤みがかった三角の石が祭られている。火吹き竹の片方を石に、もう片方を耳に当てると耳の通りが良くなると言われ、耳が治れば火吹き竹を供える。かつては祠いっぱいに火吹き竹が積み重なっていたという。

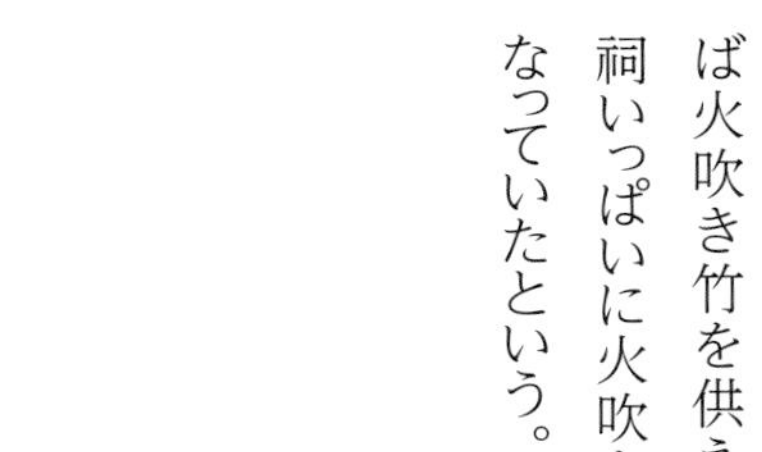

アクセス

益田市役所匹見総合事務所から津和野方面に3.3キロ。県道42号を南下し、県道189号を左鐙方面に右折し1.7キロ付近の道路右側の少し奥まった所に祠《ほこら》がある。

㊺ 衣《え》毘《び》須《す》神社（益田市）

豊漁や海の安全を守る神

衣毘須神社

日本海を望む白砂の海岸に宮ケ島と呼ばれる岩礁がある。岩の上に豊漁や海の安全を守護するコトシロヌシノミコトを主祭神とする衣《え》毘《び》須《す》神社が祭られている。砂浜でつながる参道は、大潮の時は参道が水没して渡れなくなり、山陰のモン・サン・ミッシェルとも呼ばれている。

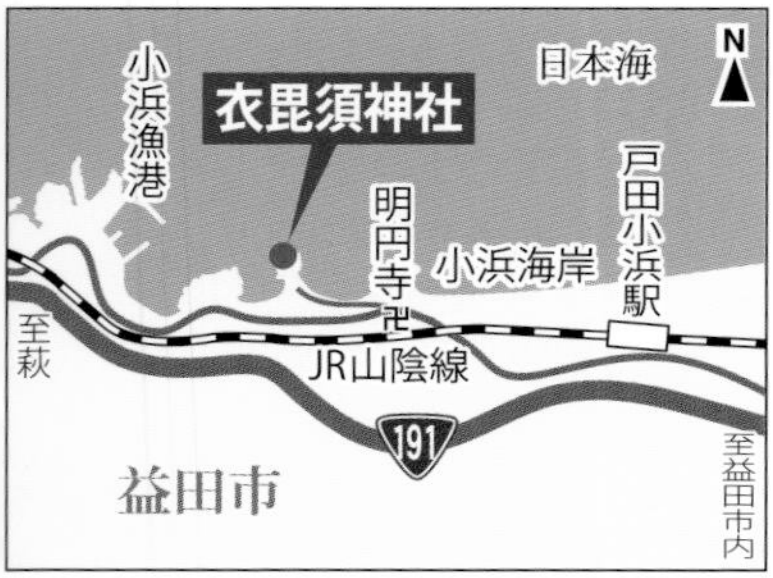

アクセス

JR戸田小浜駅から650メートル西へ進むと右に1台分の駐車場がある。徒歩で海岸沿いに西に向かうと海に突き出た小島に衣毘須神社がある。

石見の地質鉱物

後編
「前編」は65ページ

浜田市

石見畳ヶ浦
(国分町) 国・天
約1,600万年前の広い海食台(千畳敷)にこぶ状の岩(ノジュール)が並ぶ景観が目を惹く。

黄長石霞石玄武岩《おうちょうせきかすみいしげんぶがん》
(長浜町・熱田町・内田町) 県・天指定の露頭もある
鉱物の組み合わせが日本では唯一とされる希少な玄武岩。

江津市

千丈渓(桜江町・邑南町も) 国・名
24カ所の滝や深淵が連なる、延長約4.8キロの峡谷

津和野町

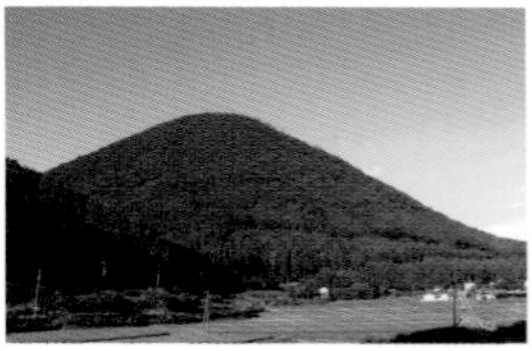

青野山(笹山・耕田・直地) 国・天名
青野山火山群のうち最大の溶岩ドームで、信仰の対象でもある。

益田市

松島の磁石岩(飯浦町) 県・天
(鑪崎《たたらざき》とともに)
磁性を帯びた岩石からなり、昔は船の羅針盤を狂わすほどと言われた。

唐音《からおと》の蛇岩《じゃがん》
(西平原町)
国・天
幅約1メートルの岩脈が長さ300メートル以上に渡って続く。

国・天(国の天然記念物)／国・名(国の名勝)
国・天名(国の天然記念物及び名勝)／県・天(県の天然記念物)

㊻ 愛宕《あたご》神社（津和野町）

巨岩に抱かれ火事防ぐ

巨岩の下に祭られる愛宕神社をお参りする永田寿秋さん（右）

津和野町笹山から小青野山へ続く林道脇にある自然石の階段を10分ほど上ると、樹冠を突き破る巨岩が姿を現した。さらに周辺にも大きな石が点在し、一帯に、りんとした空気が漂う。その昔、この巨岩が山から首を出すように突き出ていたので、この辺りを「首山《くびやま》」と呼んでいた。その後、巨岩が崩れ落ち、散らばったとも言われている。

巨岩の中ほどにはしめ縄が張られ、小さなほこらが祭られている。火事を防ぐ火伏《ひぶせ》の神として信仰されている愛宕《あたご》神社だ。創建時期など詳しいことは分からないが、津和野町史によると、町内にある愛宕神社の多くは中世末期以降に勧請《かんじょう》されたとみられており、この愛宕神社も、古くから磐座《いわくら》として信仰されてきた巨石に、後から祭られた可能性もある。神社のある沼原《のんばら》地区では火災の記憶がなく、「愛宕様のおかげだ」と語られている。

かつて岩の前で行ってきた4月4日の祭りは、高齢化が進み、今では麓の地区内で行っている。この日は、現在は8戸になった氏子たちが心一つに、巨岩に抱かれた「愛宕様」に思いをはせる。永田寿秋さん(52)は「地域はだんだん小さくなるけれど、何とか後世に残していきたい」と話す。

(2019年6月15日付)

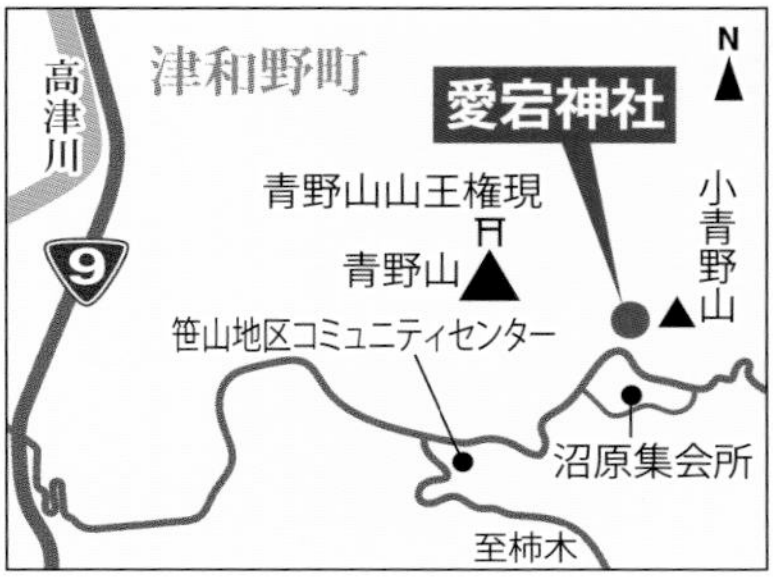

アクセス

笹山地区コミュニティセンターから東北東に約1キロ。青野山と小青野山の間の林道を進み、右手の山道を登ると愛宕神社に着く。徒歩約10分。

※林道からの山道は分かりにくいので注意

㊼ 千《ち》倉《くら》大権現（津和野）

岩斜面に鎮座　住民守る

千倉大権現に手を合わせる河田寿樹さん(左)と斎藤仁士さん(中)

津和野町直地《ただち》の中国自然歩道を40分ほど歩くと地倉沼に着く。そこから10分ほど進むと千倉《ちくら》大権現の赤い鳥居が現れた。参道を上ると右斜面にコケがびっしりと生えた岩山が現れ、その岩の斜面に千倉大権現社が鎮座している。

昔は岩山そのものをご神体とし「地倉大権現」と称した。1714年に林昌山へ遷宮したと津和野町誌にある。

千倉大権現社総代長の河田寿樹さん(69)によると、地域を訪れた人の夢枕に神様が現れたことをきっかけに、1957年に再びこの岩山に神社が創建され、千倉大権現として祭った。

山に生える木々も権現様を守るご神木とし、切ってはならないと直地地区の住民が心を一つに護持している。「みんなが先人たちの思いを継承し、このお宮を守り抜くという気持ちだ」と河田さんは話す。

毎年5月5日の大祭は地区民こぞって参列しにぎわう。山中にあるが、普段から地域の人々が参る。斎藤仁士さん(78)は30年近く毎月1日に参拝を続ける。「ここに来るとほっとする。規模も小さく、歴史も浅いけれど、ここを守れることがうれしい」。今も地域の人々の心のよりどころとして親しまれている。

(2019年9月14日付)

アクセス

JR山口線青野山駅から東へ1.7キロ。中国自然歩道地倉沼モデルコースを1.9キロ、40分ほどで地倉沼に着く。地倉沼の分岐に千倉大権現の標識あり。約10分で千倉大権現社の鳥居が見える。さらに5分ほど上ると千倉大権現の社に着く。

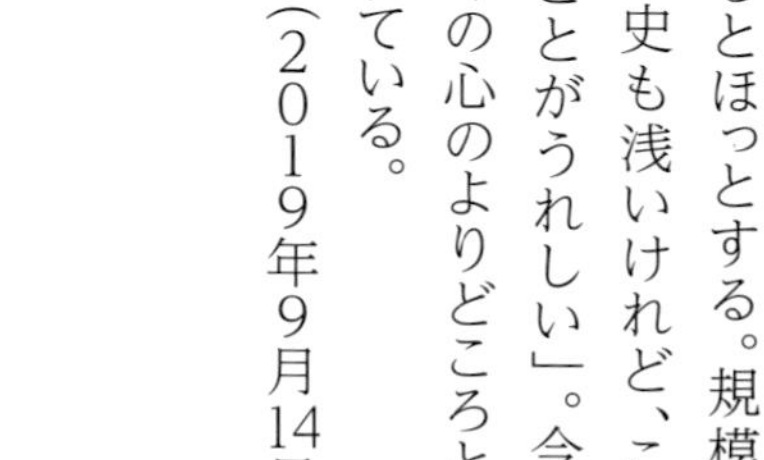

㊽ 石《いし》神《がみ》様（吉賀町）

民家の横 大きくなり続け

吉賀町注連川《しめがわ》にある民家の横に、しめ縄の張られた小さな社がある。裏に回ると、木々に囲まれてこけむした高さ1.5メートルほどのおにぎりのような形の石が、ひっそりと鎮座している。住民が「石神《いしがみ》様」と呼ぶ石だ。

言い伝えによると、昔、ある人が四国から石を持ち帰り、自宅の神棚に置いた。すると、石はどんどん大きくなり、神棚が壊れて落ちてはいけない、とお寺に持って行き、縁側に置いたが、そこでも大きくなる。現在の場所に持ってきて石神様として祭った後も、石は大きくなり続けているという。

江戸時代に書かれた吉賀記には、四国から持ち帰った「牛王石」が大きくなったとの記述も残る。

5年ほど前には、住民が目を傷めたことをきっかけに祭りを行った。祭りはその後絶えているが、

この社の裏に回ると石神様がある

石神様に手を合わせる渡辺哲さん

こけむした石神様

年末には住民有志が社や石の周りをきれいにして、お飾りや鏡餅をお供えし、住民の健康や安全を願う。地元の渡辺哲さん（80）は「この土地で大切にされてきた神様だから、これからもみんなで守っていきたい」と話す。

石にまつわる伝承は失われつつある。それでも、石に向かって静かに手を合わせる人々の信仰は、今も生きている。

（2019年5月25日付）

アクセス

吉賀町朝倉小学校から県道12号線を南東に約2.1キロ進む。仲の原地区集会所前で右折し、1.6キロ。進行方向左手の民家の横にしめ縄を張った社がある

㊾ こぶ岩《いわ》（吉賀町）

常に満ちた水 こぶ治す

水で満たされるくぼみ

吉賀町九郎原の山中に「こぶ岩」と呼ばれる長さ2メートル、幅1メートル、高さ50センチほどの船のような形をした岩がたたずんでいる。岩の真ん中がくぼみ、まるで天然の手水鉢のよう。くぼみは水が注がれている様子もないのに、いつも水で満たされているという。

　こぶ岩があるのはもともと畑《はた》詰《づめ》神社の参道だった場所だが、既に他の神社に合祀《ごうし》され、今は鳥居も本殿もなくなっている。

　地域の言い伝えによると、明治の初めごろ、あるお年寄りがお参りの際に岩のくぼみにたまっている水を自分の大きなこぶに塗ってみた。家に帰って一晩寝ると大きな「こぶ」がぽろりと取れた。

　それ以降、この岩は「こぶ岩」または「こぶ落ち岩」と呼ばれるようになった。地元の人たちはくぼみの中の水は「夏の暑い日も寒い雪の日も水が減ることがない」と言い合う。

　合祀された後、畑詰神社跡で祭りは行われていないが、こぶ岩の伝承は広く語り継がれ、今でも遠方から訪ねる人は少なくない。「ふるさと案内人」を務める右田巧さん(60)は「こぶ岩のことを地域の若い人たちに伝えていきたいし、多くの方に知っていただき、訪ねてもらえればうれしい」と話している。

（2019年11月9日付）

こぶ岩を説明する
右田巧さん（右）

船のような形をしたこぶ岩

アクセス

吉賀町役場から東北東へ約2.8キロ。国道187号を東進してすぐ接続する、県道16号を約1.8キロ進んで左折。高津川を渡って分岐を右へ進む。突き当たりの三叉路を、左側へ山に続く道がある。左折して少し進むと開けた場所があり、山側の斜面を20メートルほど登った所にこぶ岩はある。

㊿ 夜泣《よな》き石《いし》（吉賀町）

夜に泣き　神主がおはらい

夜泣き石

その昔、樋口のノボリ谷からこの石を拾って持ち帰ったところ、夜になると声を出して、泣いたりお喋《しゃべ》りをしたりしたという。気持ちが悪くなり、ノボリ谷の見える田んぼのあぜに据えて、神主さんにおはらいをしてもらったという話が伝わっている。

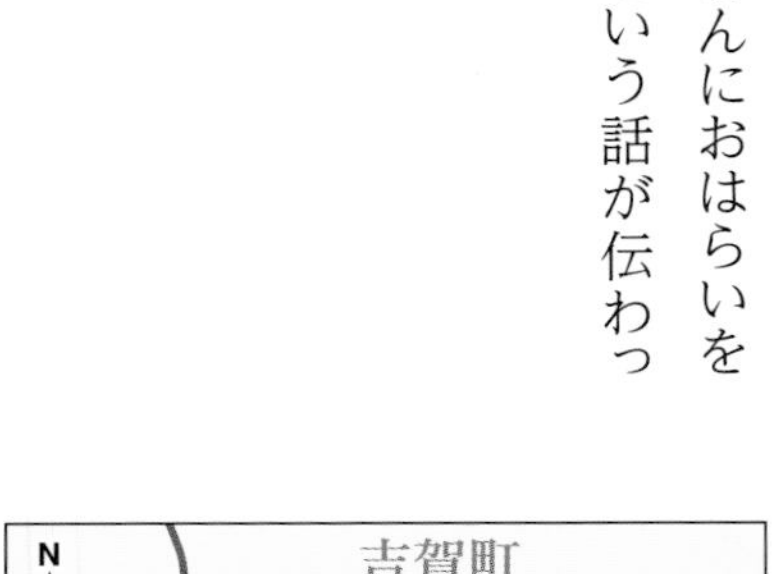

アクセス

蔵木小学校から県道16号を蔵木駐在所に向かって400メートル進み左折。100メートル先左のあぜ道にポツンと夜泣き石がある。

特集

石を語る

◆聖なる石を訪ねて〜世界の巨石信仰
◆石見と世界の巨石〜形から見る共通性
須田郡司（巨石ハンター）
◆コラム「石神は語る」
中村唯史（大田市大田町）
◆「石の博物館」

聖なる石を訪ねて〜世界の巨石信仰

須田 郡司（巨石ハンター）

テレルジ国立公園の亀石（モンゴル）

聖なる場所には、必ずといっていいような石や巨石が存在します。これまで私は、世界50カ国以上の巨石を巡って来ました。そこで感じたことは、宗教や民族、人種、国家が違っても、巨石に対する信仰心のようなものはどこか共通している、ということです。

ここでは、これまで私が実際に訪ねた世界の巨石信仰の事例として、アジア、アフリカ、ヨーロッパ、アメリカ、オセアニアの代表的なものを紹介します。

アジアの巨石

モンゴルの亀石

ウランバートルから東へ車で5時間、ゴルヒ・テレルジ国立公園に亀石はある。高さ15mの高さの花崗岩でできた巨石で、風雨によって亀のような形に浸食されたことからこの名前がつけられている。願いをかなえる力があるとされ、地元の人々からは

ハンピの奇岩群（インド）

ラリベラ（エチオピア）

信仰の対象になっている。亀石の前には、オボーと呼ばれる石積みがあり、モンゴル人にとっては祈りの場所である。

インドのハンピ

インド南部カルナータカ州にあるハンピは、かつてのヴィジャヤナガル王国の首都だった。花崗岩の奇岩が点在する広大な岩の光景は、ラーマヤーナに出てくる猿の化身ハヌーマンが投げてできたとの伝説がある。そのためか岩上には、ハヌーマン寺院がいくつも存在し、岩屋にはヒンドゥーの神々も祭られている。ハンピに残る都市の遺構は、１９８６年、ハンピの建造物群の名称でユネスコ世界文化遺産に登録。

アフリカの巨石

エチオピアのラリベラの岩窟教会

エチオピア人の多くは、キリスト教の古い宗派であるエチオピア正教を信仰している。ラリベラの岩窟教会は、ザグウェ朝の

バランシングストーン（ジンバブエ）

ラリベラ王が君臨していた12世紀から13世紀にかけての時期に建造されたと推測される。有名な聖ゲオルギウス岩窟教会は、上から見ると十字の形に見える。縦、横、深さがそれぞれ12ｍあり、3階建ての建物くらいの大きさだ。凝灰岩をえぐり貫いて作り上げた教会は、独特な雰囲気があり、1978年にユネスコ世界文化遺産に登録。

ジンバブエのバランシングストーン

南部アフリカのジンバブエは、現地のショナ語で「石の家」を意味する。首都ハラレの郊外にドンボシャーという村があり、花崗岩の奇岩怪石の光景が広がっている。中でもバランシングストーンと呼ばれる高さ3ｍ、幅10ｍもの巨石は、まるで何者かが人為的に置いたようにみえるが、長い年月による自然の風化でできたもの。岩盤の下方には、先住民の岩絵がいくつも描かれていて、古くから信仰の原初的な場所といえる。

メテオラのルサヌー
修道院と巨岩（ギリシャ））

エクステルンシュタイネ（ドイツ）

ヨーロッパの巨石

ギリシャのメテオラ

「メテオラ」はギリシャ語で「中空」を意味する「メテオロス」という言葉から由来。ピンドス山脈の麓にある50～100mの比高を持つ岩塔状の砂岩の奇岩群があり、垂直に切り立った岩の上に1545年創立で三層建てのルサヌー修道院が建つ。ギリシャ正教の修道院で、より天に近づくという思想から岩塔の上に建てられた。

ドイツのエクステルンシュタイネ

ホルン＝バート・マインベルク市のトイトブルクの森に、5つの巨大な砂岩の奇岩がそびえ立つ。奇岩の名をエクステルンシュタイネといい岩の高さは約40mある。ここは、「古代ゲルマン人の聖地」、「キリスト教の巡礼地」として知られる場所で、湖に面した景勝地でもある。その誕生は約7000万年前にさかのぼる。岩はまるで生き物のように見え、年間約50万人以上の観光客が訪れる神秘的なパワースポットで、特にスピリチュアルな人に人気がある。

アメリカの巨石

スパイダーロック

アリゾナ州のキャニオンデシェー国定公園にある高さ２４４ｍの石の塔は、スパイダーロックと呼ばれる。先住民ナバホ族は聖なる場所として、この石の塔を大切にしている。ナバホ族の伝統的な織物「ナバホ織り」の技術を教えてくれたのがスパイダーウーマン（蜘蛛のおばあさん）、と伝承されている。

モニュメント・バレー

アメリカを代表する観光名所で、ユタ州南部からアリゾナ州北部にかけて広がる。砂岩の地層が成す、メサと呼ばれるテーブル形状をした台地が、まるで記念碑が並んでいるように見える。ナバホ族が生活する

スパイダーロック（アメリカ合衆国）

モニュメント・バレー（アメリカ合衆国）

アメリカ最大のインディアン居留地で、ナバホの聖地でもある。

エアーズロック（オーストラリア）

オセアニアの巨石

オーストラリアのウルル（エアーズロック）

ノーザンテリトリー南西部にある砂岩の岩山。ウルルは高さ３４８ｍ、周囲が9.4kmある世界最大級の一枚岩で、岩肌は独特の赤みを帯びている。豪州の観光名所であるが、先住民アボリジニはウルルを聖地として信仰し、長年にわたって登山禁止を求めてきた。２０１９年10月26日、ようやく登山が禁止された。

◆　◆　◆

これまで、世界の巨石を見てきましたが、巨石そのものを信仰したり、その近くに宗教施設を造ったり、それぞれ微妙に違っていても根っこの部分で共通しているように思えます。特に先住民であるアメリカインディアン、アボリジニの人々にとっての巨石は、古くから聖なる場所として信仰されています。

石見と世界の巨石～形から見る共通性

須田　郡司（巨石ハンター）

衣毘須神社（益田市）とモン・サン・ミッシェル（フランス）
―海辺の小島にある宗教施設―

衣毘須神社

益田市の宮ケ島にある衣《え》毘《び》須《す》神社（本誌86ページ）は岩の上に豊漁や海の安全を守護するコトシロヌシノミコトを祭っている。

モン・サン・ミッシェル

大天使ミカエルを祭る礼拝堂が建つモン・サン・ミシェルは、フランス西海岸、サン・マロ湾上に浮かぶ小島と8世紀初めに建てられた小礼拝堂を起源とするベネディクト会修道院の建物のこと。カトリックの巡礼地のひとつであり1979年に「モン・サン・ミシェルとその湾」としてユネスコの世界遺産（文化遺産）登録された。この島はもともとモン・トンブ（墓の山）と呼ばれ先住民のケルト人が信仰する聖地であった。

衣毘須神社（益田）

モン・サン・ミッシェル（フランス）

米喰い岩（川本町）とインガピルカ遺跡のインカの顔（エクアドル）
―自然石の顔―

米喰い岩

川本町の米喰い岩（本誌44、45ページ）は、岩そのものが顔に見える。

インガピルカ遺跡

15世紀にエクアドルを支配していたインカ帝国の遺跡。エクアドル南部のアンデス山中にある標高3000mの高地に築かれ、「太陽崇拝」を広めるための宗教的儀式を執り行っていた拠点。遺跡の中に「インカの顔」と呼ばれる自然の巨石があり横顔そのものだ。

米喰い岩（川本町）

ヤナロック（インド）

鬼の木戸の貴船神社（邑南町）とヤナロック（インド）
―巨石と宗教施設―

貴船神社

邑南町の鬼の木戸（本誌52、53ページ）の前の巨石の下方に貴船神社が祭られている。

鬼の木戸の貴船神社（邑南）

ヤナロック

インド南西部の町ヤナにある火山活動によって形成された巨石で、黒色の高さ１２０ｍの石灰岩の下にヒンドゥー教の寺院がある。

ヤナロック（インド）

おわりに

石見、島根、日本、そして世界にはさまざまな巨石があります。森の中にひっそりとたたずむ巨石、圧倒的なスケールを持つ巨石、伝承・伝説・神話を持つ巨石、信仰される巨石などなど。

人類は、はるか石器時代から石と関わってきました。道具としての石、建築から古墳、墓石、巨石記念物、庭石にいたるまで石文化は人々の暮らしと密接な関係があるといえます。

ただ、残念なことは、近代化や合理性の流れのなか、石の伝承や伝説、神話、石への信仰心などが忘れられつつあるということです。

みなさん、巨石を実際に訪ねる旅に出かけませんか。石見、出雲、日本、世界にはたくさんの巨石があります。それぞれの巨石は、きっと何かをあなたに語りかけてくれるはずです。

石神は語る

中村唯史（大田市大田町）

いにしえ人は巨石奇岩へ崇拝

自然はしばしば目を引く造形を作り出す。そびえる山、深い谷、滝などがそうであり、巨石奇岩もこれにあたる。際立つ自然の造形を見る時、古代の人々はそこに人知の及ばぬ神を意識し、科学者は形成過程の理論に思いをはせる。神と科学は相容れない関係のようであるが、信仰の対象になっている巨石奇岩、すなわち石神の前に立っていると、日本的な自然崇拝における神とは古代人の自然観の一部であり、彼らにとっての「科学」ではないかという思いが浮かぶ。というのも、巨石奇岩は科学的な必然と偶然が重なり合って形成される特異な存在であり、古代人がそこに意味を求めたのは、彼らの自然への洞察と理解の結果と思われるからである。そういった思いを抱いて巨石奇岩を見上げると、その岩への科学的な関心と古代の人々が感じた「神」の存在が共存し、神話と伝承の行間にある地域史への興味が湧き立ってくる。

生命を含め、地上のあらゆるものを形作る根元は大気と水、そして岩石である。人類は地形地質と向き合い、地下資源を利用して文明を構築してきた。地域ごとの歴史と文化も地形地質、すなわち岩石や土壌の上に成立している。そのことを意識する機会は現代人にとっては少ないかも知れないが、身近に流通する製品からは元となる資源が感じられず、生活の中で大地に向き合う必要性が薄れているためだろう。一方、いにしえの人々は自然と直に対面し、大地がもたらす恵みに祈り、災いを案じながら生きた。そのように生きた人々の自然観の一端が巨石奇岩への崇拝であり、それは地域史の一断面でもあると思われる。

「鏡岩」は鉱山への祈りか

石見の地にも石神として祭られた巨石奇岩がある。そのひとつに志都岩屋《しづのいわや》（邑南町、本誌48・49ページ）がある。巨石が点在する山の中腹にある志都岩屋神社は「鏡岩」の名がある花崗岩の巨石を祭っており、太刀で切り割ったかのような垂直で平らな岩肌が印象的だ。その形に人の及ばぬ力を感じるのも無理ないと思われる。ここでは山中に点在する巨石を含め全山が信仰の対象である。巨石の多くは広い面を持って割れ、それは花崗岩が持つ特徴であり、宮島（広島県）の弥山にある巨石群とも成因的に共通する。

志都岩屋は町から少し離れた山の奥にありながら、信仰が今に続いている。信仰の背景には様々な歴史があったと思われるが、付近が鉱山地帯であることは気になる要素である。志都岩屋の南には石見銀山領だった久喜大林銀山があり、北は有数の産鉄地帯である。鉱山は大地に切っ先を向ける。そのため、鉱山に携わる人々は山への祈りを欠かさない。この地で鉱山に関わった人たちは大地に根ざす巨石を特別な感情で見つめ、祈ったではないかと想像が膨らむ。また、鉱山が地域経済を潤し、信仰を維持する一助になった側面があるかも知れない。いずれも想像の域を出ないが、巨石への信仰は古代以前の古い時代に始まり、時代ごとの人々の営みとともに形を変えた部分と変わらぬ部分がありながら受け継がれてきたのだろう。巨石は地域の歩みを見つめてきたのである。

「鬼岩」つかんだ鬼の正体

地域との関わりの点では鬼村の鬼岩（大田市、本誌10・11ページ）も興味深い。道路端に忽然と巨石がそびえる地の旧村名は「鬼村」である。鬼の文字を使う地名は各地にあれど、そのまま一文字で村名であったのは全国唯一らしい。鬼岩には鬼伝説が伝わり側面に並ぶ穴は鬼の指跡とされるが、地名と伝説のどちらが先に成立したのか気になるところだ。

鬼伝説には里人を金銀山に近づけないようにするために流布されたり、渡来人を鬼に見立てたことが起源のものがあると聞く。そういえば、鬼岩の南方には石見銀山があり、北の大田市五十猛町は渡来人との関連が連想される地名や伝説などがとりわけ多い土地である。それらと鬼の由来の関わりはわからないが、鬼岩をつかんだ鬼の正体は気になる存在である。

鬼岩は科学的にも面白く、鬼の指跡とされる穴は海岸で見られるものとよく似ている。当地の岩盤は海底火山の噴火で形成され、岩中に塩類を多く含んでいるために海水による風化作用と同じ現象が生じて穴ができたのだ。科学的には、鬼の正体は塩類というわけである。

ここで紹介した志都岩屋と鬼岩に限らず、すべての石神にそれぞれの歴史があるだろう。人口が減少し、地域の持続が問われる中で地域固有の歴史文化が重要視されている。

そのような時代だからこそ、科学や歴史学、民俗学など様々な手法で石神の「言葉」を引き出し、耳を傾ける必要があるように思う。

島根県の大田市から以西の「石見地方」は「石を見る」と書く。その石見地方には石に
る展示施設がいくつかある。主な7施設を紹介する。

摩サンドミュージアム

⑤石見畳ケ浦資料館

⑥桑田岩石園

⑦津和野町郷土館

	料　金	連 絡 先	展示内容
	・個人　大人 550円 / 小人 250円 ・団体(20名以上)　大人 450円 / 小人 200円 ・障がい者(手帳保持者)　大人 300円 / 小人 無料 ※小人は小中高生	0854-89-0846	石見銀山で採取された銀鉱石、銅鉱石をはじめ、全国各地の鉱山の特徴的な鉱物を展示。
長	個人　団体　外国人 一　般　310円　260円　200円 小中生　150円　100円　100円 ※団体は20人以上	0854-89-0183	発掘調査により採取された黄銅鉱などの鉱石や、「かなめ石」と呼ばれる鉱石を粉砕する石台を展示。
	400円(企画展示は別料金)	0854-86-0500	三瓶山と島根県の大地の歴史を物語る岩石や化石標本、鉱物資源として使われる石などを展示している。
了 15:30) 〃　)	区分　個人　団体 高校生以上　730円　650円 小・中学生　360円　320円 ※障がい者手帳を持つ 本人(付添い1名) 入館料:高校生以上　360円、小・中学生　100円	0854-88-3776	世界一大きな砂時計があることで知られる。琴ヶ浜の鳴り砂をはじめ、日本各地の砂213点、世界各地の砂93点が展示している。
	無　料	0855-25-5789	国の天然記念物の石見畳ヶ浦を紹介する資料や浜田市にしかない黄長石霞石玄武岩などを展示。
	無　料	0855-22-7776	浜田市にしか見つかっていない黄長石霞石玄武岩や、日本最古級の飛騨片麻岩(岐阜県神岡町)など、県内外から集めた学術的に価値のある岩石131基を展示。
	大人400円(300円)　中高生300円(180円)　小学生150円(80円) ※障がい者手帳又は療育手帳持参で障がい者とその介護者1名無料 ※(　)内は20名以上の団体料金 ※津和野町民は無料	0856-72-0300	津和野町内で発見された日本最古の岩石(25億年前の花崗片麻岩)、縄文～弥生時代の石器、青野山火山岩である角閃石安山岩(玄表石)の中世石塔などを展示している。

※2019年12月現在

石の博物館

①石見銀山資料館

②石見銀山世界遺産センター

③三瓶自然館サヒメル

施設名	所在地	休館日	開館
①石見銀山 資料館	島根県大田市 大森町ハ51-1	12月～2月の毎週水曜日 12/29～1/4	9:00～17:00
②石見銀山 世界遺産センター	島根県大田市 大森町イ1597-3	毎月最終火曜・年末年始	施設案内　8:30～17:30 展示室観覧時間　9:00～ 最終受付 16:30　3月～
③三瓶自然館 サヒメル	島根県大田市 三瓶町多根1121-8	毎週火曜日 (火曜日が休・祝日の場合は次の平日に休館)	9:30～17:00 (4月～9月の土曜日は9:30～
④仁摩 サンドミュージアム	島根県大田市 仁摩町天河内975	毎週水曜日　※変更あり 年末 (12月29日～31日) 年始 (詳細はHPで確認)	通常　9:00～17:00(受付 年始1月1日　11:00～16 1月2日～5日 10:00～16 ※変更あり
⑤石見畳ケ浦 資料館	浜田市下府町303-3 いわみ文化振興センター内	な　し	9:00～18:00
⑥桑田岩石園	島根県浜田市金城町 小国イ352　桑田家屋敷内	不定休(要問い合わせ)	要問い合わせ
⑦津和野町郷土館	島根県鹿足郡 津和野町森村ロ127	毎週火曜日(祝日の場合は翌日)、 年末年始(12月30日～1月4日)	8:30 ～17:00

あとがき

この本が生まれるきっかけは、2018年9月20日に群言堂・鄙舎《ひなや》(大田市)で行われた「日本のねっこ～石見の風土から地域の未来を語る」(主催：VOICE OF STONE プロジェクト、しまね文化ファンド助成事業)というイベントでした。開催に向け、私は石見地域の巨石とそれにまつわる伝承・神話をまとめて巨石マップを作成し、それを資料にシンポジウムを開催しました。イベント終了後、山陰中央新報社で記者をされていた森田一平さんに相談し、山陰中央新報の紙面で「続・石神さんを訪ねて」を連載することになったのです。大野志津香さんが文章、森田さんがデスク、私が写真を担当し、書籍化では中村唯史さんにもご協力をいただき、イベントのシンポジウムに関わったすべての方々が参加する形でこの本が世に出る事になりました。

私はこれまで、日本や世界各地の巨石信仰をテーマに取材を続けている中、近年、巨石への関心が高まっている事を実感しています。それは、人間は心の奥深くで石や岩の声を聞いているからではないか、と思えてくるのです。

この本を通じ、先人が大切に守ってきた石神さんを少しでも後世に引き継ぐことのお手伝いができればと願っています。

最後になりますが、取材の際、地元石見の多くの方々にご協力をいただけましたことに深く感謝申し上げます。

令和2(2020)年2月　　巨石ハンター　須田郡司

あとがき

石を見る国「石見」だからこそ、他所に劣らぬ素晴らしい石神さんがあると思っていました。石見地方の石神さんを巡る中で、やはりここは石を見る国だと実感しました。

自然崇拝から始まった石神。一族の祖を祭る石神。漂着したり、成長する石神。雨乞いや病気平癒などの御利益のある石神。鎮めのための石神。改元のきっかけになったり、歌舞が好きなめでたい石神。世界滅亡や祟(たた)りの伝承が残る怖い石神など。石神信仰の多様性を見ることができるとともに、出雲神話に登場する神々や石見の神々が織りなす神話が、一層魅力を引き立てます。

万物の中に神を見る日本人の気質だけでなく、どこか石見の人々の快活さや寛容さを映し出しているようにも思います。石見はこんなにも素晴らしい所で、魅力溢《あふ》れるたくさんの石神さんを守り抜いて来られた心温かな人々がいることを本当に嬉《うれ》しく誇らしく思います。そして、これからもこの石神さんたちが後世まで守り受け継がれて行くことを切に願ってやみません。

末筆ながら、この本を手に取っていただいた皆様にお礼申し上げます。皆様の思いが石神さんと石神さんを守る方々の力となりますように。

令和2(2020)年2月　大野　志津香

主な参考文献

名　称	著者・編さん者	発行者	発行年月日(西暦)
世界石巡礼	須田郡司	日本経済新聞出版社	2011年5月19日
式内社調査報告第二十一巻	式内社研究會／編	皇學館大學出版部	1983年2月20日
嘉久志ふる里探訪	記載なし	嘉久志まちづくり推進協議会　郷土学習会	2016年3月
日本文徳天皇実録	藤原基経・都良香ほか／撰者		879年完成
吉賀記	尾崎太左衛門	六日市町教育委員会	1981年
浜田町史	井口 益吉／ 大島 幾太郎　共著	一誠社	1935年1月6日
		大島韓太郎	1976年10月1日
大和村誌(下巻)	大和村誌編纂委員会／編	大和村教育委員会	1981年3月31日
米くい岩	鷲見　通／語り	川本町読書ボランティア連合会	2008年3月1日
津和野町史　第二巻	沖本 常吉／編	津和野町史刊行会	1976年6月30日
邇摩郡案内	編纂並代表者 山崎忠夫	邇摩郡教育會	1939年9月22日
水上村郷土誌	本庄 隆鞆	水上村尋常高等小学校	1939年12月6日
角鄣経石見八重葎	石田 春律	石見地方未刊資料刊行会	1999年4月吉日
神國島根	島根県神社庁／編	島根県神社庁	1981年4月29日
島根県神社概説	大日本神祇会島根県支部／編	大日本神祇会島根県支部	1942年2月25日
島根の神々	島根県神社庁／編	島根県神社庁	1987年2月17日
翻刻 藤井宗雄著 『石見国神社記』巻一安濃郡	藤井宗雄	島根大学法文学部山陰研究センター	2009年12月
翻刻 藤井宗雄著 『石見国神社記』巻二邇摩郡	藤井宗雄	島根大学法文学部山陰研究センター	2010年12月
翻刻 藤井宗雄著 『石見国神社記』巻三那賀郡上(前編)	藤井宗雄	島根県古代文化センター	2016年3月
翻刻 藤井宗雄著 『石見国神社記』巻四那賀郡下(後編)	藤井宗雄	島根県古代文化センター	2018年3月

著者

文／大野《おおの》　志津香《しずか》

大田市出身。大学卒業後、北海道と屋久島でアウトドアガイドとして自然に親しむ。屋久島滞在中、益救《やく》神社宮司と出会い、岩や木、山に神々が宿る自然信仰に感銘を受ける。2012年に帰郷し、神職の資格を取得。大田市水上町の水上神社に奉職し、現在に至る。

写真・文／須田《すだ》　郡司《ぐんじ》

群馬県出身、出雲市在住。写真家・巨石ハンター。沖縄で石の聖地と出合ってから日本各地、世界50カ国以上を巡り、巨石文化を取材。石の語りべ講演活動を全国で展開中。『日本の巨石』（星雲社、2008年）、『日本の聖なる石を訪ねて』（祥伝社、2011年）、「石の聲《こえ》を聴け」（方丈堂出版、2020年）など。

編集協力：森田　一平

写真協力：石見銀山資料館、石見銀山世界遺産センター、
三瓶自然館サヒメル、仁摩サンドミュージアム、
桑田岩石園、津和野町郷土館、島根県観光連盟、
島根県教育委員会、中村唯史

ブックデザイン　渡邊　純

続 石神さんを訪ねて　出雲神話から石見の巨石信仰へ

令和2（2020）年3月4日　初版第1刷発行

企画・編集　山陰中央新報社出版部
発行者　松尾　倫男
発行所　山陰中央新報社
〒690-8668　島根県松江市殿町383
電話0852（32）3420（出版部）
印刷所　まつざき印刷株式会社

ISBN 978-4-87903-238-6 C0039 ¥1400E